伝記

親《しん》鸞《らん》聖《しょう》人《にん》

草野顕之 監修

東本願寺出版

目次

本書について

本書は、浄土真宗《じょうどしんしゅう》を顕《あき》らかにされた親鸞聖人《しんらんしょうにん》のご生涯を史実や伝承に基づき、親しみやすいイラストをおり交ぜながらわかりやすい文章でつづったものです。

各章の終わりには、「親鸞聖人のことば」というページを設けています。そこでは、聖人の著作や聖人について書かれた書物から各章に関連する教えの言葉と、その意味を少しでも味わっていただくための参考となるよう意訳を記しています。さらに巻末には、聖人の家族をはじめ、聖人に影響を与えた人たち、そして、代表的な著作や言葉についての解説などを付しており、より深く楽しく、聖人について学ぶことができます。

本書によって、一人でも多くの方が親鸞聖人のお心にふれ、聖人が一生をつくして顕《あき》らかにしてくださったお念仏《ねんぶつ》の教えを聞くきっかけとなることを願っています。

【第一章】

誕生と出家《しゅっけ》

はじめに

善人《ぜんにん》なおもて往生《おうじょう》をとぐ、いわんや悪人《あくにん》をや。

（『**歎異抄《たんにしょう》**』）

「親鸞語録《しんらんごろく》」ともいわれる『歎異抄』のこの言葉は、浄土真宗《じょうどしんしゅう》の宗祖《しゅうそ》である親鸞聖人《しんらんしょうにん》の言葉として、また、浄土真宗の教えの特徴を表すものとして、よく知られている言葉ではないでしょうか。

現代語に訳すと、次のようになります。

善人であっても往生をとげることができるのですから、

悪人が往生をとげられないわけがありません。

「悪人と善人を取り違えていないか」「悪人であっても浄土へ往《い》けるのだから、善人は言うまでもないという意味ではないのか」と思ってしまいますが、そうではありません。善人とは、自分をよい人間だと思い込んでいる人で、悪人とは、縁《えん》によってよいことも悪いことも行《おこな》ってしまう存在であることを自覚《じかく》している人を指します。

このような言葉を残した親鸞聖人とは、どのような方だったのでしょうか。

これから親鸞聖人が誕生されてから亡くなられるまでを、いっしょに尋ねていきましょう。

誕生

実は、親鸞聖人については二十九歳になるころまでの記録が残っていません。そのため、子どものころ、どのように過ごされたのかといったことや、ご家族のことは、はっきりわかっていないのです。しかし、弟子たちや子孫が残したたくさんの伝承《でんしょう》があります。その伝承によって、ご誕生から九歳までの聖人の様子をみてみましょう。

聖人は、一一七三（承安《じょうあん》三）年、京都でお生まれになりました。幼名は、松若丸《まつわかまる》（十八《じゅうはち》公麿《こうまろ》とも）といいました。父親は、日野有範《ひのありのり》という朝廷《ちょうてい》に仕《つか》える役人で、平安時代に権《けん》勢《せい》を誇《ほこ》った藤原氏《ふじわらし》の一族でした。母親は、源氏《げんじ》の流れをくむ吉光女《きっこうにょ》（貴光女《きこうにょ》とも）と呼ばれた方です。

聖人には、尋有《じんゆう（じんう）》、兼有《けんゆう（けんう）》、有意《ゆうい》、行兼《ぎょうけん》という四人の弟がおられました。つまり、聖人は公家《くげ》（貴族《きぞく》）の長男としてお生まれになったのです。しかし、そのころ、時代は公家の世から武家《ぶけ》の世へ移り変わろうとしていました。藤原氏の威光《いこう》もすでになくなっていたのでしょう。父親の日野有範は、聖人が四歳のころ、役人を辞め、出家《しゅっけ》して、隠居《いんきょ》されることになりました。さらに、聖人が八歳のころ、母親の吉光女がお亡くなりになっています。

聖人は、幼くして両親と離れることになってしまいました。そして、弟たちとともに伯父《おじ》の日野範綱《ひののりつな》に引き取られることになったのです。

戦乱と飢饉《ききん》の世の中に

親鸞聖人が子どものころ、世の中は大きな転換期《てんかんき》を迎えていました。貴族に代わって武士《ぶし》が力をもち始め、なかでも平氏《へいし》は朝廷での権力をもにぎり、思い通りに政治を動かし始めます。その横暴《おうぼう》なふるまいに不満をもつ人が増え、ついに一一八〇（治承《じしょう》四）年、源氏が兵《へい》を挙《あ》げ、戦乱（源平《げんぺい》の争乱《そうらん》）は全国に広がっていきました。

さらに西日本では、春と夏は日照り、秋には洪水と、災害が続いて凶作となり、翌年からは大飢饉《だいききん》（養和《ようわ》の大飢饉）に見舞われたのです。鴨長明《かものちょうめい》の『方丈記《ほうじょうき》』には、当時の京都の町の様子が次のように書かれています。

餓死《がし》した人の遺体《いたい》がいたるところに転がり、とくに河原《かわら》では牛や馬が進む道がないほどである。死体を取り除くこともできず、放置《ほうち》された死体が腐《くさ》っていき、異様《いよう》な臭《にお》いがあたり一面に漂《ただよ》っている。

戦乱が絶え間なくおこり、飢饉もおこって、たくさんの人が死んでいく。人々にとっても聖人にとっても、とてもつらい時代でした。

出家《しゅっけ》

養和の大飢饉が発生した一一八一（養和元）年、九歳だった親鸞聖人は、出家されました。出家の動機は、はっきりとはわかっていません。しかし、こうした世の中を背景《はいけい》に、貴族としての出世《しゅっせ》が望めないばかりか、日々の生活すらも成り立たなくなったからではないか、とも考えられています。

聖人が出家されたときの様子は、聖人のご生涯を描《えが》いた『本願寺聖人伝絵《ほんがんじしょうにんでんね》（御伝鈔《ごでんしょう》）』（本願寺第三代覚如上人執筆《かくにょしょうにんしっぴつ》）に見ることができます。

聖人は、出家し僧侶《そうりょ》になるための儀式である得度《とくど》に臨《のぞ》むため、伯父の日野範綱《ひののりつな》にともなわれ、慈鎮和尚《じちんかしょう》（慈円《じえん》）のもとに向かわれました。

季節は春。慈鎮和尚の寺の門前には、桜が咲いていました。そこで、牛車《ぎっしゃ》を降りた聖人は、付き従ってきた供《とも》の者と別れ、中へ入って、慈鎮和尚と対面されます。

慈鎮和尚は、当時、二十七歳。後に比叡山延暦寺《ひえいざんえんりゃくじ》の天台座主《てんだいざす》（最高位）を四度もつとめることになるお方です。慈鎮和尚は学問にも優《すぐ》れた方で、みなさんのなかには、『百人一首《ひゃくにんいっしゅ》』の歌人《かじん》の一人として、また、『愚管抄《ぐかんしょう》』という歴史書の著者《ちょしゃ》として知っているという方もおられるのではないでしょうか。

聖人の決心は固く、すぐに得度《とくど》を行《おこな》っていただくつもりでした。ところが、対面はしてくださったものの、慈鎮和尚は、聖人が出家するのは数年先のことと考えていました。現在よりも成人するのが早かった平安時代といえども、九歳はまだ子どもです。師のもとで数年間見習いをした後で、十五歳ごろに出家する、というのが当時の一般的な流れだったからです。

慈鎮和尚は、

「もっと大きくなってからでもよいではないか」

と、出家を押しとどめようとなさいました。しかし、聖人は納得《なっとく》しません。

「人の命は、はかないものです。私も、明日生きている保証はありません。出家するまでに死んでしまったら、この願いはむなしく終わってしまいます。どうか、願いを聞いてください」

と、お願いしました。「人の命は、はかない」とは、京都の町のそこかしこで、亡くなっていく人々の姿を思い浮かべておられたからかもしれません。必死な思いが伝わったのでしょうか。慈鎮和尚は、

「わかりました。でも、今日は、夜も更《ふ》けてしまいました。準備もあることですし、明日にしましょう」

と、おっしゃったのです。すると、聖人は、次のような和歌《わか》を詠《よ》まれたといわれています。

明日《あす》ありと　おもうこころの　あだ桜《ざくら》
夜半《よわ》に嵐《あらし》の　吹《ふ》かぬものかは

明日があると思う心は、風が吹くと散ってしまう桜のようなものです。夜中《よなか》に嵐が吹かないとは限らないのですから。

「明日があるとはいえないから、今、出家したい」とは、なんと切実《せつじつ》な思いでしょうか。聖人の覚悟を知った慈鎮和尚は、すぐに得度《とくど》の用意を行うよう命じます。すでに、真夜中となっていましたが、ろうそくの灯《あか》りがともされ、伯父の日野範綱が見守るなか、得度の儀式《ぎしき》が行われました。こうして聖人は、九歳で出家されることになったのです。

【親鸞聖人のことば❶】

今、教えにあわなければ

ああ夢幻《むげん》にして真にあらず、寿夭《じゅよう》にして保ちがたし。（中略）この時悟《さと》らずは、仏もし衆生《しゅじょう》をいかがしたまわん。願わくは深く無常を念じて、いたずらに後悔《こうかい》を貽《のこ》すことなかれと。

『教行信証《きょうぎょうしんしょう》』

【意訳】思えば人生に真実はなく、人のいのちは極めて短い。今この時に教えにあわなければ、仏が私たちを救うことはできないだろう。どうか無常の理《ことわり》を深くおもい、いたずらに過《す》ごして後悔を残すことがないように。

【第二章】

比叡山《ひえいざん》での修行

比叡山延暦寺《ひえいざんえんりゃくじ》

慈鎮和尚《じちんかしょう》のもとで出家《しゅっけ》された親鸞聖人《しんらんしょうにん》は、父の日野有範《ひのありのり》、伯父《おじ》の日野範綱《ひののりつな》から「範」の字をいただき、「範宴《はんねん》」と名のられることになりました。そして、近江国《おうみのくに》（今の滋賀県）の比叡山延暦寺で、厳しい修行と学問に励《はげ》まれる日々が始まったのです。

比叡山延暦寺の歴史は、聖人が誕生される四百年近く前、伝教大師最澄《でんぎょうだいしさいちょう》が建てた草庵《そうあん》（簡素《かんそ》な建物）に始まります。最澄は比叡山で修行を積み、八〇四（延暦《えんりゃく》二三）年、遣唐使《けんとうし》として唐《とう》（今の中国）に渡《わた》りました。そこで、天台《てんだい》の教えを受け、帰国後に天台宗《てんだいしゅう》を開きます。

聖人が出家されたころには、比叡山延暦寺は、天台宗の総本山《そうほんざん》であるとともに、各地からたくさんの僧《そう》が集まり、日本での仏教を学ぶ最高学府《さいこうがくふ》としての役割を果たすようになっていました。実際、浄土宗《じょうどしゅう》を開いた法然《ほうねん》や、日蓮宗《にちれんしゅう》を開いた日蓮《にちれん》、臨済宗《りんざいしゅう》の栄西《えいさい》や曹洞宗《そうとうしゅう》の道元《どうげん》など、鎌倉《かまくら》時代に各宗を開いた祖師《そし》たちの多くが、ここで修行を積みました。

慈鎮和尚は、比叡山をあがめる次のような和歌を詠《よ》んでいます。

世の中に　山てふ山は　多かれど
山とは　比叡の御山《みやま》をぞいふ

世の中には、そこかしこにたくさんの山があるけれども、
山とは、比叡山のお山のことをいうのだ。

この歌からもわかるように、古くから多くの人々にとって、比叡山は特別な山だったのです。

厳しい修行と学問に励む日々

比叡山延暦寺で、親鸞聖人がどのような修行をされていたのかは定《さだ》かではありません。しかし、残された手紙から、比叡山の横川《よかわ》（比叡山は、東塔《とうとう》・西塔《さいとう》・横川の三つの区域があり、それぞれに本堂があります）で、堂僧《どうそう》をつとめていたことがわかっています。

堂僧とは、常行三昧《じょうぎょうざんまい》という修行を行《おこな》う僧です。また、常行三昧とは、比叡山にある常行三昧堂で、阿弥陀仏《あみだぶつ》像のまわりを歩き続け、絶えることなく念仏《ねんぶつ》を称《とな》える（不断《ふだん》念仏）という修行です。ときに九十日間、休まず続けることもある、とても厳しいものです。そのような修行のかたわら、聖人は学問にも励まれました。

比叡山延暦寺では、古今東西《ここんとうざい》のさまざまな仏教書を読むことができました。聖人は、寝る間も惜しんで学ばれたのでしょう。後に聖人が著《あらわ》されることになる書は、高度な知識に裏打ちされたもので、聖人がどれほど学問に励まれていたかをうかがい知ることができます。

変わりゆく世の中

おごっていた平氏《へいし》の権勢《けんせい》にも、かげりが見え始めました。一一八三（寿永二《じゅえい》）年、源　義仲《みなもとのよしなか》が率《ひき》いる源氏《げんじ》軍との戦い（倶利伽羅峠《くりからとうげ》の戦い）に敗れた平氏は、京の都を離れ、西へ向かいます。その後も、平氏は源氏軍に負け続け、西へと逃げていきました。そして、ついに一一八五（文治《ぶんじ》元）年、壇ノ浦《だんのうら》（山口県）で、追いつめられた平氏は、海に身を投げ、ほろんでしまいました。しかし、ほろんだのは、平氏だけではありません。源義仲は、平氏のいなくなった都で、横暴なふるまいをし、攻めてきた源　範頼《みなもとののりより》と義経《よしつね》の軍に敗れ、殺されています。また、義仲を倒し壇ノ浦で指揮を執《と》った義経も、兄の源　頼朝《みなもとのよりとも》に憎《にく》まれ、奥州《おうしゅう》（東北地方）へ逃げましたが、一一八九（文治五）年、平泉《ひらいずみ》（岩手県）で殺されました。

一一九二（建久《けんきゅう》三）年、源頼朝は武士の長として、朝廷から征夷大将軍《せいいたいしょうぐん》に任じられます。頼朝が鎌倉（神奈川県）に幕府《ばくふ》を開き、武士が政治を担《にな》う時代が始まったのです。

消えない悩み

それから約十年後、親鸞聖人が出家し、比叡山に入られてから二十年が過ぎようとしていました。世の中が変わっていったとはいえ、争《あらそ》いは絶えず、飢《う》えや病《やまい》に苦しむ人々もいなくなったわけではありません。厳しい修行を重ね、さまざまな書を読んでも、聖人の悩みは消えませんでした。心をしずめるためにどんなに修行をしても、さまざまな思いに気をとられてしまうのです。

「一生懸命勉強しても、迷いや悩みは消えず、その解決法も思いつかない。このままでは、さとりを開くどころか、その道すら見いだすことはできないのではないか」。

聖人の悩みは、さらに深くなっていったのです。

【親鸞聖人のことば❷】

自分と向き合う

定水《じょうしい》を凝《こ》らすと雖《いえど》も識浪《しきろう》頻《しき》りに動き、
心月《しんげつ》を観《かん》ずと雖も妄雲《もううん》猶覆《なおおお》う。

『嘆徳文《たんどくもん》』

【意訳】落ち着こうとしても、気持ちは浪《なみ》のように動いてしまい、静かな心を観《み》ようとしても雲が月を隠《かく》すように、迷いで観ることができない。

【第三章】

六角堂夢告《ろっかくどうむこく》

親鸞聖人《しんらんしょうにん》の悩み

親鸞聖人は、比叡山《ひえいざん》で厳しい修行を続けました。ところが、いくら修行によって心をしずめようとしても、心のしずまらない自分自身に悩みました。決められた修行を積み重ねても、すがすがしい心にはなれず、むしろ煩悩《ぼんのう》（心や体を惑《まど》わすもの）が増えていくのを感じていました。阿弥陀仏《あみだぶつ》にあうこともできず、浄土《じょうど》に往《い》くこともできないのではないかと不安を感じていました。

そのころの聖人の様子を、聖人の子孫にあたる存覚上人《ぞんかくしょうにん》（一二九〇〜一三七三年）は、次のように書いています。

静かな水面《みなも》のような心になりたいと思っても、心はいつも動いてしまう。穏《おだ》やかな心でありたいと思っても、悪い思いがわき出てしまう。今死んでしまったら、永遠に苦しむことになるはずだ。この世の名声《めいせい》にこだわって、学問をすることに意味があるのだろうか。

今あるすべての願いを投げ捨てて、今すぐここを出て行くべきではないか。

悩んだ末に、一二〇一（建仁元《けんにん》）年、二十年間におよんだ比叡山での修行を打ち切り、聖人は、下山《げざん》することを決心します。二十九歳のときでした。

法然上人《ほうねんしょうにん》のうわさを聞いたことも、聖人が下山を決意するきっかけの一つになったといわれています。法然上人も、若いころには比叡山で修行と学問に打ち込んだ僧侶《そうりょ》でした。

聖人が聞いたうわさとは、法然上人が、善人であっても悪人であっても、出家をしていても出家をしていなくても、また老若男女を問わず、ただ「南無阿弥陀仏《なむあみだぶつ》」と称《とな》えるだけで、浄土に往けるという教えを広めているというものでした。

厳しい修行は日々を生きることに追われる多くの人には実行が難しく、また自らも厳しい修行を長年続けても、さとりを開くことができずにいた聖人にとって、「南無阿弥陀仏」と称えるだけで救われるという教えは、とても魅力的に感じられました。

しかし、このような法然上人の教えは、賛同《さんどう》する人と反対する人とに、大きく分かれていました。

聖人の得度《とくど》を行《おこな》った師である慈鎮和尚《じちんかしょう》をはじめ、比叡山でともに修行をしていた僧侶の多くは、法然上人の教えに反対していました。しかし、比叡山の修行に限界を感じていた聖人は、法然上人の教えに惹《ひ》かれていったのです。

聖人の決断《けつだん》

このまま比叡山で修行を続けるべきか、それとも法然上人のもとへ行くべきか、迷い続けた聖人は、ついに意を決し、六角堂《ろっかくどう》（頂法寺《ちょうほうじ》）に百日間参籠《さんろう》（こもる）することを決意しました。この六角堂は京都市中京区《なかぎょうく》にあり、聖徳太子《しょうとくたいし》（五七四〜六二二年）が開いたお寺といわれています。

聖徳太子は、四天王寺《してんのうじ》や法隆寺《ほうりゅうじ》などを建立《こんりゅう》し、日本に仏教を定着《ていちゃく》させました。古くから、聖徳太子を観世音菩薩《かんぜおんぼさつ》の化身《けしん》であると考える「太子信仰《しんこう》」が、広く人々に広まっており、聖人も太子を「和国《わこく》の教主《きょうしゅ》」と呼んで、尊敬していました。

聖人は、後に、次のように話しています。

仏教はインドの国からおこり、中国を通じて日本まで伝えられました。これはひとえに積極的に仏教を学んだ聖徳太子のおかげであり、そのご恩《おん》は山よりも高く海よりも深いものです。太子によって、初めて仏教は日本の大地に深く根を下ろしたのであり、人々の救いを明らかにする浄土の教えもこのときに伝えられたのです。もし聖徳太子が仏法を尊《とうと》ぶことがなかったら、私たちのような知識のない者が、阿弥陀さまの正しい教えを理解できたでしょうか。

（『御伝鈔《ごでんしょう》』）

六角堂のご本尊である如意輪観音《にょいりんかんのん》は、太子がつねに身近に置き信仰をささげた仏像だといわれています。また救世観音菩薩《くせかんのんぼさつ》とも呼ばれ、太子はその生まれ変わりと信じられていました。平安時代につくられた『梁塵秘抄《りょうじんひしょう》』（当時流行していた歌謡《かよう》を集めた本）に、次のような歌が収められており、六角堂に対する民衆《みんしゅう》の思いをうかがい知ることができます。

観音験《かんのんしるし》を見《み》する寺、清水《きよみず》、石山《いしやま》、長谷《はせ》の御山、粉河《こかわ》、
近江《おうみ》なる彦根《ひこね》山、間近《まぢか》く見ゆるは六角堂

観音さまの御利益《ごりやく》のある寺は、清水寺《きよみずでら》（京都市東山区）、石山寺《いしやまでら》（滋賀県大津市）、粉河寺《こかわでら》（和歌山県紀の川市）、近江の彦根山（滋賀県彦根市、現在は彦根城が建っている）、間近にあるのは六角堂。

この歌からもわかるように、六角堂はお告《つ》げを与えてくれるお寺としても信仰を集めており、聖人も、迷える自分に進むべき道を示してくれるのではないかと期待して、百日間、六角堂に参籠《さんろう》することを決めたのです。

六角堂夢告《むこく》

一二〇一（建仁元《けんにん》）年（一二〇三〈建仁三〉年とする説もあります）、六角堂に参籠してから九十五日目の、四月五日の明け方のことでした。親鸞聖人に、ついに夢のお告げがありました。夢に現れた救世観音（聖徳太子）は、顔や姿は美しくおごそかで、白い袈裟《けさ》を身につけ、大きな真っ白い蓮華座《れんげざ》（ハスの花の形をした、仏さまがすわる台）にすわっていました。そして、聖人に次のように告げられました。

行者宿報設女犯《ぎょうじゃしゅくほうせつにょぼん》　（行者宿報《ぎょうじゃしゅくほう》にて　たとい女犯《にょぼん》すとも）
我《が》成玉女《じょうぎょくにょ》身《しん》被《ぴ》犯《ぼん》　（我《われ》　玉女《ぎょくにょ》の身《み》となりて犯《ほん》せられん）
一生《いっしょう》之《し》間《けん》能《のう》荘厳《しょうごん》　（一生《いっしょう》の間《あいだ》　能《よ》く荘厳《しょうごん》して）
臨終《りんじゅう》引導《いんどう》生《しょう》極楽《ごくらく》　（臨終《りんじゅう》に引導《いんどう》して極楽《ごくらく》に生《しょう》ぜしめん）

あなたがもしはるか昔からの因縁によって、僧侶としての戒律《かいりつ》を破って結婚することがあれば、
私が玉のように美しい女性となって、あなたの妻になりましょう。
そして一生のあいだ、あなたを守り、
あなたが死ぬときは、浄土へと私が導いてあげましょう。

さらに、この教えを広く民衆に伝えなさいともお告げになりました。

聖人は夢のなかで、六角堂の正面に出て東の方を見ました。そこには、高くけわしい山々が並び、多くの人々が集まっていました。聖人が、その人々にお告げの意味を説明すると、夢からさめました。聖徳太子は、仏教を広めようと力を尽くしながらも、自らは出家せずに妻をもって生活をした人でした。その太子によって、家庭生活を営《いとな》むことが、さとりを開くうえで何のさまたげにもならないという鮮烈なお告げを受けたことは、聖人の心に一筋《ひとすじ》の光を灯《とも》すものであったに違いありません。

この夢のお告げによって、聖人は、比叡山を下山し、出家していない者、家庭生活を営む者にも救われる道を説いていた法然上人に教えを請《こ》うことを決意したのです。

【親鸞聖人のことば❸】

聖徳太子のご恩

救世《くせ》観音大菩薩《かんのんだいぼさつ》
聖徳皇《しょうとくおう》と示現《じげん》して
多多《たた》のごとくすてずして
阿摩《あま》のごとくにそいたまう

『正像末和讃《しょうぞうまつわさん》』

【意訳】救世観音大菩薩さまは、この世に聖徳太子としてお姿を現され、父のように見守り、母のように寄り添ってくださっている。

【第四章】

法然上人《ほうねんしょうにん》との出会い

法然上人《ほうねんしょうにん》との出会い

六角堂《ろっかくどう》でのお告《つ》げを得て、親鸞聖人《しんらんしょうにん》は、比叡山《ひえいざん》と決別して法然上人のもとを訪れる決心を固めました。一二〇一（建仁《けんにん》元）年、聖人が二十九歳のときでした。

聖人が六角堂に参籠《さんろう》したとき、法然上人は六十九歳でした。

法然上人は、一一三三（長承《ちょうしょう》二）年四月七日、美作国《みまさかのくに》久米《くめ》（岡山県久米郡）に生まれました。一一四五（天養《てんよう》二）年に比叡山の源光《げんこう》に弟子入りし、一一四七（久安《きゅうあん》三）年に、皇円《こうえん》のもとで得度《とくど》。一一五〇（久安六）年には、比叡山黒谷別所《くろだにべっしょ》という場所に移っています。

一一七五（承安《じょうあん》五）年、中国浄土教《じょうどきょう》の僧・善導大師《ぜんどうだいし》の著《あらわ》した『観無量寿経疏《かんむりょうじゅきょうしょ》』に感銘《かんめい》を受け、誰に対しても平等に「ただ念仏もうしなさい」という、専修念仏《せんじゅねんぶつ》を信仰することを決めます。聖人が入門する三年前の一一九八（建久《けんきゅう》九）年には、九条兼実《くじょうかねざね》（摂政関白《せっしょうかんぱく》をつとめたこともある公家《くげ》。聖人の得度を行った慈鎮和尚《じちんかしょう》の兄）の求めに応じて、『選択本願念仏集《せんじゃくほんがんねんぶつしゅう》』（『選択集《せんじゃくしゅう》』）という書を著しています。

法然上人は誰に対しても同じように、「迷いから離れる道は、ただ一つです。南無《なむ》阿弥陀仏《あみだぶつ》と称《とな》えなさい」と教えていました。法然上人の教えは、貴族や武士だけでなく、広く民衆のあいだにまで広がっていました。

『御伝鈔《ごでんしょう》』では、親鸞聖人が法然上人のもとを訪れたときのことを次のように書いています。

一二〇一（建仁元）年の春、世俗から逃れることに思いをよせて、聖人は、法然上人の吉水《よしみず》（京都市東山区）の禅房《ぜんぼう》を訪ねました。これは、世が末になり人の資質も低下するなかで、自らの努力による困難な修行は迷いやすいから、あらゆる人に開かれたやさしい行《ぎょう》に向かおうとしたためです。真宗《しんしゅう》を盛んにした大祖《たいそ》である法然上人は、とくに宗の根本《こんぽん》、教えの道理を突きつめたうえで、聖人にこれをお話しになったので、聖人は、たちまちに念仏の教えの趣旨《しゅし》を理解し、凡夫《ぼんぶ》（仏教の真理を悟ることができず、煩悩《ぼんのう》に迷っている人）でも、すぐに浄土《じょうど》へ往《い》くことができるという教えにしたがうことを決意しました。

また、このときの状況を、聖人の妻である恵信尼《えしんに》が、末娘の覚信尼《かくしんに》にあてた手紙（『恵信尼消息《えしんにしょうそく》』）で、次のように書いています。

比叡山を出て、六角堂に百日間こもられ、自身の救《たす》かるべき道を憶念《おくねん》していたところ、九十五日目の明け方に、聖徳太子《しょうとくたいし》が、文《ふみ》（夢のお告げ）をお示しになりました。それですぐに、六角堂を出て、自身の救《たす》かる縁にあわせていただこうと、吉水《よしみず》の草庵《そうあん》を訪れ、法然上人に会われました。それから、また百日間、雨が降っても日が照っても、どんな大事な用件があろうとも、法然上人を訪ねられました。法然上人は、『善人であっても悪人であっても、生死《しょうじ》の迷いの世界を離れて浄土の世界へ往く道がある』ことをおっしゃいました。それをしっかりとお聞きになった聖人は、人がどのように言おうと、たとえ法然上人が進まれるところが、悪い道だと言われようと、遠い過去から現在まで迷い続け、はるか未来まで迷い続けるに違いない自分なので、法然上人について行くと、そうおっしゃっていました。

百日間、法然上人のもとに通《かよ》いつめた聖人は、その教えをくり返し聞くことで、ついに法然上人の説かれる教えこそが、すべての人々に開かれている仏道《ぶつどう》であると確信したのです。そして、これまで比叡山で学んできたさまざまな仏道修行と決別し、法然上人を師と仰《あお》ぎ、ただ「南無阿弥陀仏」と称《とな》える専修《せんじゅ》念仏の道を歩まれることになったのです。

後に聖人はそのときのことを、主著《しゅちょ》である『顕浄土真実教行証文類《けんじょうどしんじつきょうぎょうしょうもんるい》』（『教行信証《きょうぎょうしんしょう》』）において、次のように記しています。

愚禿釈《ぐとくしゃく》の鸞《らん》、建仁辛の酉《けんにんかのととり》の暦《れき》、雑行《ぞうぎょう》を棄《す》てて本願《ほんがん》に帰《き》す。

私は、建仁元年、念仏以外のすべての行《ぎょう》をすてて「ただ念仏せよ」という阿弥陀仏の本願に帰依《きえ》したのです。

専修念仏の道を生きる決心を固めた聖人に対して、法然上人は「綽空《しゃくくう》」という名前を与えられました。綽空は、中国の浄土教の高名《こうめい》な僧《そう》「道綽禅師《どうしゃくぜんじ》」の「綽」と、法然上人の名前である「法然房源空《ほうねんぼうげんくう》」の「空」をあわせたものです。

法然上人の門下《もんか》となる

親鸞聖人は、法然上人のもとで約六年間過ごしました。法然上人は、多くの弟子のなかでも、聖人のことを高く評価していたようです。

聖人が、法然上人の弟子になってから四年目の一二〇五（元久二《げんきゅう》）年には、法然上人が著した『選択本願念仏集』（『選択集』）の書写《しょしゃ》を許されました。

当時、『選択集』は非公開の書とされ、その書写も、ごく少数の弟子にしか許されていませんでした。後に聖人は『教行信証《きょうぎょうしんしょう》』に、「感激の涙をこらえながら、この〈書写を許された）ことを記しました」と書いています。

同じ年の四月十四日には、聖人が書写した『選択集』に、法然上人自らが、「選択本願念仏集」の書名と「南無阿弥陀仏《なむあみだぶつ》　往生之業《おうじょうしごう》　念仏為本《ねんぶついほん》」（南無阿弥陀仏。浄土へ往くには、念仏を称えることが大切である）という言葉と、「釈綽空」という、当時の聖人の名前を書き加えました。そして、その日に、法然上人の姿を描《えが》くことも許されました。当時、師の姿を描くことは、選ばれた弟子にのみ許されたことであり、このことからも法然上人が、聖人を深く信頼していたことがうかがえます。

また、同じ年の七月二十九日に見た夢のお告げによって、綽空という名前を善信《ぜんしん》と改めました（善信という名前は、古くから名のっていて、このとき親鸞《しんらん》と改めたという説もあります）。

またこのころ、恵信尼と出会い結婚したともいわれています（結婚したのは、越後《えちご》に流《る》罪《ざい》になってからという説もあります）。恵信尼は、一一八二（寿永《じゅえい》元）年に生まれていますので、聖人より九歳年下になります。恵信尼の父は、九条兼実《くじょうかねざね》に仕《つか》え、越後介《えちごのすけ》（越後国を治める長官補佐）にも任ぜられた中流貴族《ちゅうりゅうきぞく》の三善為教《みよしためのり》でした（三善為教は、越後の豪族《ごうぞく》であったという説もあります）。

信行両座《しんぎょうりょうざ》と信心諍《しんじんじょう》（争《そう》）論《ろん》

法然上人のもとで、親鸞聖人がどのような弟子であったのかを示すエピソードがあります。

法然上人の吉水《よしみず》の草庵《そうあん》には、四百人近くの弟子がいましたが、上人の教えを正しく理解している者は少ないのではないかと、聖人は疑問を感じていました。

そこである日、法然上人に次のように聞いてみたのです。

「私は、法然上人の教えを受けることがなかったら、如来《にょらい》の本願《ほんがん》に気づくことがなく、一生迷い続けることになったと思います。しかし、同じ教えを受けている仲間はたくさんいますが、ともに正しい道を歩んでいるのかはっきりしません。そこで、お弟子方が集まったときに、互いの心のなかを確かめてみたいと思いますが、いかがでしょうか」。

法然上人は、

「では、明日みんなが集まったら提案してみなさい」

と、おっしゃいました。

次の日に、聖人は弟子たちに、

「浄土に生まれ往くのは、阿弥陀如来《あみだにょらい》の本願を信ずることによるのか（信不退《しんふたい》）、また、南無阿弥陀仏と称《とな》える自分の努力によるのか（行不退《ぎょうふたい》）という二つの座を設《もう》けました。どちらかの座に着いてください」

と、問いました。

それを聞いた弟子たちは、互いの顔を見合わせて、とまどうばかりでした。

そんななか、兄弟子《あにでし》であり高弟《こうてい》の聖覚《せいかく》、信空《しんくう》の二人が「信不退」の座に、次いで遅れてやってきた法力《ほうりき》（熊谷直実《くまがいなおざね》）が「信不退」の座につきました。ほかの弟子たちがためらっているあいだに、聖人も「信不退」の座につきました。

そして、最後に法然上人が「信不退」の座につきます。すると、意思表示のできなかったほかの弟子たちは、ある者は頭を下げて恥《は》じ入り、ある者は後悔《こうかい》の表情を表しました。

このエピソードを「信行両座《しんぎょうりょうざ》」といいます。

また、法然上人のもとに大勢の弟子が集まった別のときのことです。

聖人が、

「法然上人の信心《しんじん》と私の信心は、少しも変わりません」

と、ほかの弟子たちに言ったところ、

「何を根拠《こんきょ》にそのようなことを言うのだ。失礼ではないか」

と、とがめられました。

聖人は、次のように答えました。

「知識や学問が同じだと言えば、身のほど知らずと言わねばなりませんが、信心は阿弥陀如来から賜《たまわ》るものなので、変わらないと言ったのです」。

このやりとりを聞いていた法然上人は、

「信心が変わるというのは、自力《じりき》の信心の場合のことです。他力《たりき》の信心は、善人であっても悪人であっても、阿弥陀如来から賜るものなので、私の信心も善信《ぜんしん》（聖人）の信心も変わるはずがないのです」

と、お答えになりました。

このエピソードを「信心諍《しんじんじょう》（争《そう》）論《ろん》」といいます。

この二つのエピソードから、聖人はどんなときも、どんな立場にあっても、真摯《しんし》に念仏の教えに生きるということを問い続けておられたことがうかがえます。

【親鸞聖人のことば④】

師との出会い

たとい、法然聖人にすかされまいらせて、
念仏して地獄《じごく》におちたりとも、
さらに後悔《こうかい》すべからずそうろう。

『歎異抄《たんにしょう》』

【意訳】もし仮に、法然上人にだまされて念仏して地獄に堕《お》ちたとしても、決して後悔はしない。

【第五章】

承元《じょうげん》の法難《ほうなん》

法然上人《ほうねんしょうにん》への批判《ひはん》と弾圧《だんあつ》

誰にでも分けへだてなく教えを説く法然上人の名声《めいせい》は高まり、その教えを信仰する人も増えていきました。しかし、これをよく思わない人たちもいました。

一二〇四（元久元《げんきゅう》）年には、比叡山《ひえいざん》の僧侶《そうりょ》が集まって、法然上人の伝える専修念仏《せんじゅねんぶつ》の教えをやめさせる決議《けつぎ》をしました。比叡山を下山したとはいうものの、法然上人は比叡山で修行した身であり、比叡山の配下にある僧侶であることには変わりがなかったのです。これは、親鸞聖人をはじめ、多くの弟子たちも同様でした。

法然上人は、すぐさま比叡山に詫《わ》び状を出し、活動を自粛《じしゅく》することを約束しました。その後、法然上人は、「七箇条《しちかじょう》の制誡《せいかい》」という弟子たちを戒《いまし》める七つの決めごとを示して、弟子たちに署名をさせることで事態をしずめようとしました。もちろん聖人も「僧綽空《しゃくくう》」と署名しています。

この「七箇条の制誡」とは、

一、天台《てんだい》・真言宗《しんごんしゅう》などの教えや、諸仏《しょぶつ》・諸菩薩《しょぼさつ》を非難しないこと。
二、念仏を信じる人以外に、論争《ろんそう》をもちかけないこと。
三、念仏以外を信じる人に、その教えを棄《す》てさせようとしないこと。
四、念仏の教えには戒律《かいりつ》がないと主張し、戒律を無視しないこと。
五、経典《きょうてん》や師の教えと異なる私見《しけん》を主張しないこと。
六、正しい教えを理解できていない者が、誤った教えを布教《ふきょう》しないこと。
七、自分勝手な邪法《じゃほう》を説いて、これを師の教えであると偽《いつわ》らないこと。

というものでした。

法然上人が活動を自粛する動きを示し、また朝廷《ちょうてい》のとりなしもあったため、比叡山の法然上人に対する批判は沈静化《ちんせいか》するように見えました。しかし、法然上人に対する批判は、比叡山から仏教界全体に広がっていきます。その中心となったのが、奈良の興福寺《こうふくじ》でした。

興福寺は、飛鳥時代の山背国《やましろのくに》「山階寺《やましなでら》」が起源《きげん》の寺です。六六九（天智《てんじ》八）年、藤原鎌足《ふじわらのかまたり》が重い病気にかかったときに回復を祈願《きがん》して、釈迦三尊《しゃかさんぞん》、四天王《してんのう》などの諸仏《しょぶつ》を安置《あんち》するために造営《ぞうえい》されたものと伝えられています。その後、飛鳥《あすか》へ移建《いけん》され、厩坂寺《うまやざかでら》と名を改めた後、さらに七一〇（和銅《わどう》三）年の平城遷都《へいじょうせんと》の際、藤原不比等《ふじわらのふひと》によって都（平城京）へ移され、「興福寺」と名づけられました。

天皇や皇后《こうごう》、また藤原氏によって、次々とお堂や塔《とう》が建てられ、奈良時代には四大寺《しだいじ》、平安時代には七大寺《しちだいじ》の一つに数えられています。当時の興福寺は、相当な権力をもっており、その影響力はとても強いものでした。

一二〇五（元久二）年、興福寺は朝廷に対して、「興福寺奏状《そうじょう》」という念仏禁止を求める訴状《そじょう》を提出しました。これは、仏教界の総意《そうい》を表すものとして、法然上人の伝え

る教えに九つの誤《あやま》りがあると糾弾《きゅうだん》しています。それは、

一、朝廷の許可を得ずに、新しい宗派を開いた誤り。
二、念仏を称《とな》える者だけが救われる「摂取不捨曼荼羅《せっしゅふしゃまんだら》」を描《えが》く誤り。
三、阿弥陀仏《あみだぶつ》以外の仏（とりわけ釈迦仏《しゃかぶつ》）を軽《かろ》んじる誤り。
四、念仏以外の行を妨《さまた》げる誤り。
五、わが国の神々に背《そむ》く誤り。
六、「念仏だけが浄土への道」と教える誤り。
七、念仏の本当の意味を理解していないという誤り。
八、戒律《かいりつ》を守る人たちを軽視する誤り。
九、国を混乱《こんらん》させる誤り。

というものです。

承元《じょうげん》の法難《ほうなん》

興福寺《こうふくじ》が、法然上人を糾弾《きゅうだん》する最大の理由は、専修《せんじゅ》念仏（専《もっぱ》ら念仏を称《とな》える）だけを重《じゅう》視《し》する考えにあります。先に挙げた九つの誤りも、それをいろいろな側面からくり返し述べたものといえます。もちろん比叡山や興福寺などの顕密《けんみつ》仏教（あらわに説かれた教えと秘密の教え。法然以前のさまざまな仏教）でも、念仏は大切なものとされていました。しかし、それは、数多くある修行のなかの一つでしかありませんでした。だからこそ、念仏だけを重視し、それ以外の修行を否定《ひてい》するようにもとれる法然上人の教えを認めることができなかったのです。法然上人の教えを肯定《こうてい》することは、自らの宗派を否定することになるからです。さらに、法然上人の教えが広まることは、自らの存在意義が失われることにつながるおそれもあったのです。

興福寺は、専修念仏の禁止を求めますが、朝廷は慎重《しんちょう》な態度を示します。そこで興福寺は、再度朝廷と交渉《こうしょう》をするのです。

朝廷の有力者のなかには、興福寺の考えに同調《どうちょう》する者も現れるようになります。しかし、時の上皇《じょうこう》である後鳥羽院《ごとばいん》（一一八〇～一二三九年）は、専修念仏を弾圧《だんあつ》すれば、念仏そのものを否定することになると考え、興福寺の意向《いこう》を受け入れることを拒《こば》んでいました。

そのようなこともあり、専修念仏の禁止の問題はこのまま収束《しゅうそく》するかにも見えましたが、事態は急変《きゅうへん》します。

一二〇六（建永元《けんえい》）年十二月九日のことです。後鳥羽院は、熊野詣《くまのもうで》（紀伊《きい》半島南部、熊野にある、本宮《ほんぐう》・新宮《しんぐう》・那智《なち》の熊野三山《さんざん》を参詣《さんけい》すること）に出かけました。

このころ、法然上人の弟子である住蓮《じゅうれん》や安楽《あんらく》等が、東山鹿ヶ谷《ししがたに》（京都市左京区）に建物を設け、念仏を称えていました。住蓮と安楽は美声《びせい》の持ち主としても人気があり、多くの人がこの集まりに参加していました（『法然聖人絵伝《ほうねんしょうにんえでん》』では、安楽を「日本第一の美僧」と書いています）。

後鳥羽院が参詣《さんけい》に出ているときに、後鳥羽院に仕《つか》える女性二人がこの集まりに参加し、さらに、後鳥羽院の許しを得ることなく、出家《しゅっけ》してしまいます。この二人の女性は、後鳥羽院が特に心をよせてかわいがっていたため、これを知った後鳥羽院の怒《いか》りはとても大きいものでした。

ここに至《いた》って、ついに後鳥羽院は、専修念仏の禁止を告げました。住蓮と安楽には、死罪《しざい》(死刑)が言い渡《わた》され、もちろん、その責任は師である法然上人や同門である親鸞聖人にもおよぶことになります。これが後に「承元《じょうげん》の法難《ほうなん》」といわれる弾圧です。

【親鸞聖人のことば⑤】

時代に相応した教えとは

聖道《しょうどう》の諸教《しょきょう》は行証《ぎょうしょう》久《ひさ》しく廃《すた》れ、浄土の真宗は証道《しょうどう》いま盛《さかり》なり。しかるに諸寺《しょじ》の釈門《しゃくもん》、教に昏《くら》くして真仮《しんけ》の門《もん》戸《こ》を知らず、洛都《らくと》の儒林《じゅりん》、行に迷《まよ》うて邪正《じゃしょう》の道路を弁《わきま》うることなし。

『教行信証《きょうぎょうしんしょう》』

【意訳】自力《じりき》の教えを行じても証《さと》りを得る人はとうになく、他力《たりき》の念仏の教えは証りの道として今盛んである。それなのに、僧侶たちはどちらが真《まこと》でどちらが仮《かり》の教えなのかを知らず、学者たちも邪道と正しい仏道の区別がつかずにいる。

【第六章】

越《えち》後《ご》へ

流罪《るざい》となる

後鳥羽院にまつわる一連の事柄により、住蓮《じゅうれん》、安楽《あんらく》をはじめとする四名に死罪《しざい》、法《ほう》然上人《ねんしょうにん》、親鸞聖人《しんらんしょうにん》をはじめとする八名に流罪《るざい》（強制的に辺境や島へ移住させられる刑）が言い渡《わた》されます。法然上人は、土佐国幡多《とさのくにはた》（高知県）へ（実際は、九条兼実《くじょうかねざね》のかばいだてにより、九条家の領地《りょうち》である讃岐国《さぬきのくに》（香川県））、聖人は、越後国国府《えちごのくにこくふ》（新潟県上越市）へ流されることとなりました。親鸞聖人が三十五歳のときのことです。

流罪に際して、朝廷は還俗処分《げんぞくしょぶん》を行《おこな》います。すなわち、一つは僧侶《そうりょ》としての資格の剥奪《はくだつ》。もう一つは、俗名《ぞくみょう》の付与《ふよ》です。このとき、法然上人は藤井元彦《ふじいもとひこ》、聖人は藤井善《ふじいよし》信《ざね》と名を改めさせられました。この一連の弾圧を「承元《じょうげん》の法難《ほうなん》」といいます。

このときのことを、聖人は『教行信証《きょうぎょうしんしょう》』のなかで次のように書いています。

これに因《よ》って、真宗興隆《しんしゅうこうりゅう》の大祖源空法師《たいそげんくうほっし》、ならびに門徒数輩《もんとすはい》、罪科《ざいか》を考えず、

猥《みだ》りがわしく死罪に坐《つみ》す、あるいは僧儀《そうぎ》を改めて姓名《しょうみょう》を賜《たも》うて、遠流《おんる》に処《しょ》す、予《よ》はその一なり。しかればすでに僧《そう》にあらず俗にあらず。このゆえに「禿《とく》」の字をもって姓《しょう》とす。

これ（承元の法難）によって、真実の浄土の教えを説いた源空法師《げんくうほっし》（法然上人）とその弟子たちは、罪《ざい》状《じょう》をくわしく審議《しんぎ》されることもなく死罪となったり、僧籍《そうせき》を剥奪《はくだつ》され、流罪となったりしました。私（聖人）もその一人です。もはや私は、僧侶でもなく俗人《ぞくにん》でもありません。だから、「禿」の字を我が姓《せい》としました。

聖人は、朝廷から藤井善信という俗名を与えられたのですが、この名を名のることを潔《いさぎよ》しとはしませんでした。もはや自分は、僧侶でも俗人でもない（非僧非俗《ひそうひぞく》）境地を生きる身であるから、「禿《とく》」の字を姓とすると宣言したのです。「禿」とは、生活のために出家した名ばかりの僧、髪の毛を剃《そ》って外見《がいけん》は僧侶のようだが、戒律《かいりつ》を守らない僧という意味です。

さらに、流罪中に「愚禿釈親鸞《ぐとくしゃくしんらん》」と名のるようになりました。「愚」は愚《おろ》かである私ということ、「釈《しゃく》」は釈迦《しゃか》の弟子ということです。

死罪の可能性もあった？

親鸞聖人のひ孫にあたる本願寺《ほんがんじ》第三代覚如上人《かくにょしょうじん》（一二七〇～一三五一年）が著《あらわ》した『拾《しゅう》遺古徳伝《いことくでん》』によると、聖人も死罪になるといううわさが流れていたようです。覚如上人は、次のように書いています。

住蓮・安楽らの四人は、十分な審議《しんぎ》が行われることもなく、あわただしく判決が下され、すぐに処刑《しょけい》された。うわさでは、このほかに、なお死罪となる者があるらしいが、そのなかには、善信《ぜんしん》（親鸞）聖人も含まれているらしい。しかし聖人は、年功《ねんこう》を積《つ》んだ長老《ちょうろう》ではない（当時三十五歳）が、法然上人をよく助け、その教えの奥義《おうぎ》を伝えているので、世間《せけん》では、法然上人と等しい者とされていること。また、さまざまな知識があることで天皇や上皇《じょうこう》もその名を耳にし、貴族たちも聖人のことをよく知っているので、聖人を助けたいと思われているようだ。君臣《くんしん》ともに、聖人を死罪にすることをためらっているところに、遠い親族で以前から聖人のことをよく知っている前中納言《さきのちゅうなごん》の親経卿《ちかつねきょう》が、参議《さんぎ》の会議に出席されて、取りなしをされたことで、聖人は流罪と決まった。そして、流罪の地である越後国《えちごのくに》へ行かれた。

こうして聖人は、越後国へ流罪となりました。

歴代朝廷の役人の名を載せた史料である『公卿補任《くぎょうぶにん》』によると、聖人の伯父《おじ》である日野宗業《ひのむねなり》が、一二〇七（承元《じょうげん》元）年、定員外の官職の一つである「越後権介《えちごのごんのすけ》」（権《ごん》は仮《かり》の意。越後国の準長官補佐）に任ぜられています。この任命が、聖人の配流先が越後国に決まった理由の一つだったのかもしれません。

法然上人の覚悟

流罪となった法然上人ですが、その信念《しんねん》は変わることはありませんでした。法然上

人の伝記や法語《ほうご》を伝える『法然上人伝記《でんき》』には、流罪になる直前の様子が次のように書かれています。

法然上人は、弟子の罪によって讃岐国《さぬきのくに》に流罪となったとき、一人の弟子に対して、一向専念《いっこうせんねん》の義《ぎ》（専修念仏《せんじゅねんぶつ》の教え）を説きました。西阿《せいあ》という弟子が、出しゃばって言いました。「法然上人がおっしゃったような教えは存在しないことになっておりますので、今お聞きになったことについては、何も申されてはいけません」。

それに対して法然上人は、「あなたは、経典《きょうてん》やその注釈書《ちゅうしゃくしょ》を読んだことがないのですか」とおっしゃいました。西阿は、「経典や注釈書には、法然上人がおっしゃる通りのことが書いてありますが、今そのようなことを言えば、世の中（とくに朝廷）の機嫌《きげん》を悪くするだけです」と答えました。すると法然上人は、「たとえ、私が斬首《ざんしゅ》となろうとも、自らが信じる教えを伝えていく覚悟です」とおっしゃいました。その表情は、このうえなく誠実《せいじつ》だったので、それを見た人たちは、涙を流し、大いに喜びました。

聖人もまた、法然上人と同じ決意を固めていたでしょう。強い決意をもって、法然上人と親鸞聖人は、流罪の地へと赴《おもむ》きました。こうして、聖人が、法然上人のもとで暮らした京都の吉水《よしみず》での生活は終わったのです。

聖人の結婚

越後国での親鸞聖人の生活がどのようなものであったのかは、ほとんど記録が残っていません。このころの聖人のご生涯《しょうがい》で確実なことは、恵信尼《えしんに》とのあいだに子どもが生まれていることです。恵信尼の手紙によれば、一二一一（承元《じょうげん》五）年三月三日に、信《しん》蓮房明信《れんぼうみょうしん》が生まれています。つまり、聖人は、越後国で、恵信尼と暮らしていたことになります。

ところで、聖人の妻については、いくつかの説があります。生涯、恵信尼を妻としたとの考え方が有力ですが、聖人の結婚にまつわる伝承《でんしょう》を見てみましょう。

『親鸞聖人御因縁《ごいんねん》』によると、

法然上人を厚く信仰していた九条兼実《くじょうかねざね》は、法然上人に、「出家《しゅっけ》した僧侶《そうりょ》と、私のような俗人《ぞくにん》が称《とな》える念仏では、功徳《くどく》が違うのでしょうね」と尋ねました。法然上人が、「功徳に違いはありません」と答えると、兼実は、「それなら弟子のなかの一人を私の娘と結婚させて在家《ざいけ》にして、出家と在家《ざいけ》の功徳が同じであることを証明してほしい」と願い出ました。

とあります。このとき、法然上人が推薦《すいせん》したのが聖人だというのです。真相《しんそう》はわかりませんが、聖人の結婚には、次のような説があります（これ以外の説もあります）。

●京都の吉水時代に、九条兼実の娘・玉日姫《たまひひめ》と結婚した。
●京都の吉水時代に、恵信尼と結婚した。
●京都の吉水時代に、玉日姫と結婚したが、流罪になったときに離婚《りこん》（または死別）し、越後国で恵信尼と再婚《さいこん》した。

●玉日姫と恵信尼は、同一人物である。

聖人の赦免《しゃめん》

流罪から五年後の一二一一（建暦《けんりゃく》元）年十一月十七日、ついに法然上人や親鸞聖人の罪が許されます。

おそらく聖人は、この赦免の知らせを受けて、すぐにでも、法然上人がいる京都に戻りたかったと思います。しかし、知らせを受けたときは冬でした。雪深い越後国から、京都へ旅発つのは困難だったと思われます。ましてや、生まれたばかりの子ども信蓮房明信《しんれんぼうみょうしん》は、まだ一歳に満《み》たないころでした。春になったら京都へ戻ろう、これがこのときの聖人の思いだったのではないでしょうか。

ところがこの後、聖人のもとに、思いもよらぬ知らせが届きます。それは法然上人が逝去《せいきょ》されたというものでした。京都に戻ることを許された法然上人は、その年のうちに京都へ戻りました。しかし、その翌年の一月に亡くなったのです。知らせを聞いた聖人は、京都へ戻らず、越後の地で念仏の教えを広める決意を新たにしたのでしょう。赦免されたということは、朝廷から布教《ふきょう》を許されたということでもあるからです。

越後《えちご》の七不思議《ななふしぎ》

親鸞聖人が、越後でどのような布教活動を行ったかは定《さだ》かではありません。しかし、俗《ぞく》に「越後の七不思議」といわれる伝承《でんしょう》が、わずかばかりに親鸞聖人の足跡《そくせき》を伝えてくれています。

その一つは、親鸞聖人が鳥屋野《とやの》（新潟市）で布教を行っていたときに、紫《むらさき》の竹でできた杖《つえ》の先端を土の中に差し込んで、「竹には心がないけれど、私が説くことが御仏《みほとけ》のお心にかなうのならば、もう一度繁茂《はんも》せよ」と言うと、その竹から芽《め》と葉《は》が出てきたというものです。ところが竹の根本《ねもと》が持ち手部分になっていたため、逆《さか》さに伸び、地面に向かって葉が生えてきたといいます。このことから、「鳥屋野の逆さ竹」といわれています。

ほかにも、親鸞聖人が、「私の説く教えが正しければ、梅干しの種よ、もう一度芽を出せ」、「焼き栗《ぐり》よ、もう一度芽を出せ」と言って投げた梅干しの種や焼き栗から、新芽が出たという伝承も残っています。

このような伝承が語り継がれたことからも、親鸞聖人が越後国で布教活動を行っていたことがうかがえます。

また、命をなくした動植物が聖人の教えによってよみがえるという、これらの伝承は、聖人の教えに疑惑をもった人や、教えが自分と関係ないと思っていた人が、聖人の布教によって教えを生きる者となり、救われたということを表しているのではないでしょうか。

【親鸞聖人のことば❻】

師との別離

曠劫多生《こうごうたしょう》のあいだにも
出離《しゅつり》の強縁《ごうえん》しらざりき
本師源空《ほんじげんくう》いまさずは
このたびむなしくすぎなまし

『高僧和讃《こうそうわさん》』

【意訳】これまで遙《はる》かに長いあいだ生まれ変わり死に変わりしてきたが、その迷いを離れるすべを知らなかった。もし師法然上人がおられなければ、私の人生は空《むな》しく過ぎ去っていただろう。

【第七章】関東での生活

『三部経《さんぶきょう》』千部読誦《せんぶどくじゅ》

流罪赦免《るざいしゃめん》から三年後の一二一四（建保《けんぽう》二）年、親鸞聖人《しんらんしょうにん》は家族をともなって、より多くの人々にお念仏《ねんぶつ》の教えを広めるために関東へ移住します。聖人四十二歳のときでした。

この旅の途中、聖人は上野国《こうずけのくに》の佐貫《さぬき》（群馬県邑楽郡）という地に立ち寄っています。この年は、全国で日照りが続き、関東の各地や京都などで雨乞《あまご》いが行われた記録が残っています。干ばつの被害に苦しむ人々の惨状《さんじょう》を見た聖人は、何とかしてこの人々を救いたいと、『三部経《さんぶきょう》』の千部読誦を試《こころ》みます。『三部経』の千部読誦とは、『大無《だいむ》量寿経《りょうじゅきょう》』『観無量寿経《かんむりょうじゅきょう》』『阿弥陀経《あみだきょう》』の三つの経典を千回読むというものです。

ところが聖人は、読誦を始めてから四、五日でそれを中断してしまいます。自分に人々を救う力があるのだろうかという疑問がわいてきたからです。

「比叡山《ひえいざん》で悩み、迷った末に下山した。そして、法然上人《ほうねんしょうにん》のもとで、ただ念仏して、阿弥陀仏《あみだぶつ》のお力にすがると決心したのではなかったのか。なぜ今、『三部経』を読むことで、人々を救うことができるなどと思ってしまったのだろう」。

目の前の苦しむ人々を救いたいという思いと、自らが信じる道を生きるという思いに悩みながら、ついに、自らの信じる道を生きることを選んだのです。聖人は、佐貫の地を去り、常陸国《ひたちのくに》（茨城県）へ向かいます。

このときのことは、聖人の心の奥底に重く残ったようです。『恵信尼消息《えしんにしょうそく》』には、一二三一（寛喜《かんぎ》三）年、聖人五十九歳のときの様子が次のように書かれています。


お昼ごろから、少し風邪気味《かぜぎみ》でしたが、夕方から寝込んでしまい、容態《ようだい》が悪くなったにもかかわらず、腰《こし》や膝《ひざ》をもむこともさせず、看病《かんびょう》の者さえも寄せつけず、音も立てずに伏《ふ》せっているので、体を触ってみると、火のように熱く、頭を痛がる様子も、ふつうではありません。

伏せってから八日目の明け方、苦しいなかで突然、

「今《ま》はさてあらん（もうそうしょう）」と、おっしゃるので、

「どうしたのですか。うわごとですか」と、聞くと、

「うわごとではない。伏せって二日目から、『大無量寿経《だいむりょうじゅきょう》』を休むことなく読んでいた。時々目を閉じると、お経《きょう》の文字が一字も残さず、きらきらとはっきり見えるのだ。さて、これは納得《なっとく》しかねることだ。念仏を信じること以外に、心にかかることなどないはずなのに。よくよく考えてみると、十七、八年前、もっともらしく三部経《さんぶきょう》を千回読んで、人々を救おうとしたことがあった。しかし、これはどうしたことか、『自分が信じることで人にも教え、信じてもらう、これはとても難しいことである』という善導大師《ぜんどうだいし》の言われる通りにすることが、阿弥陀仏のご恩《おん》に報《むく》いることと信じていながら、『南無阿弥陀仏《なむあみだぶつ》』と称《とな》える以外に何が不足で経典《きょうてん》を読もうとしたのだろうか。そう反省して、三部経を読むことを中止したことがあった。そのときのことが、まだ心に残っていたのだろうか。人の執着《しゅうじゃく》や自力《じりき》でさとりを開こうとする思いは、よくよく注意しなければとの考えにいたってからは、人々を救うためにお経を読むこともなくなった。だから床《とこ》に伏してから八日目の明け

方に、『今はさてあらん』と言ったのだ」

と、おっしゃり、やがて大量の汗をかいて、風邪《かぜ》も治りました。

聖人が、高熱と頭痛に苦しんだ寛喜《かんぎ》三年は、大規模《だいきぼ》な飢饉《ききん》がおこっていました。その前年に、たいへんな冷害《れいがい》が日本を襲い、七月下旬に美濃《みの》（岐阜県）、信濃《しなの》（長野県）、武蔵《むさし》（埼玉県・東京都および神奈川県の一部）などで雪が降っています。京都でも八月下旬に霜《しも》が降りました。さらに大雨や洪水による被害が全国で出ています。

飢饉に苦しむ人々を目の当《ま》たりにして、聖人は、知らず知らずのうちに、佐貫《さぬき》で見た光景を思い出していたのかもしれません。

小島《おじま》の草庵《そうあん》

常陸国へ移住してきた親鸞聖人が、どこに住んでいたのかは、正確に知ることはできません。ただ、古い伝承では、下妻《しもつま》の小島《おじま》（茨城県下妻市）に住んだとあり、現在も聖人が植えたと伝えられる銀杏《いちょう》の大木が残っています。

また恵信尼は、下妻のさかいの郷《ごう》にいたときに見た夢を手紙に書き残しています。その夢とは、次のようなもので、恵信尼は、夢のなかで、どこかのお堂の落慶法要《らっけいほうよう》（寺院の新築や修理の完成を祝う法要）に立ち会っています。

東向きに建てられたお堂を、松明《たいまつ》が明るく照らし出しています。お堂の前には、鳥居《とりい》のような形に横木《よこぎ》が渡《わた》され、二体の仏画《ぶつが》がかけられています。一体は、顔がまったく見えず、ただ光り輝くばかりです。もう一体は、まさしく仏さまの顔をしています。

恵信尼が近くにいた誰かに、「これは、何という仏さまですか」と尋ねると、「光だけの仏画は、法然上人です。勢至菩薩《せいしぼさつ》さまです。もう一体は、観音菩薩《かんのんぼさつ》さまです。善信《ぜんしん》（親鸞）です」と答えたので、びっくりして目がさめた。

というものです。

若き日の聖人は、六角堂《ろっかくどう》に参籠《さんろう》して、救世観音《くせかんのん》を妻にめとるとの夢のお告げを受けていました。そして、妻となった恵信尼も、下妻のさかいの郷にて、夫の聖人が観音菩薩であるという夢を見たのでした。恵信尼にとっても、大きな意味をもつお告げとなったに違いありません。

稲田《いなだ》の草庵《そうあん》

親鸞聖人は、小島の草庵で、三年ほど過ごした後、稲田（茨城県笠間市《かさまし》）へと移っています。一二一七（建保五《けんぽう》）年、聖人四十五歳のころです。

聖人は、この地に十数年滞在し、積極的な布教《ふきょう》活動を行《おこな》いました。多くの門弟《もんてい》が育ち、聖人の教えは多くの人たちに広まっていきました。

その当時のことを、『御伝鈔《ごでんしょう》』では次のように書いています。

聖人越後国《えちごのくに》より常陸国《ひたちのくに》に越えて、笠間郡稲田郷《かさまのこおりいなだのごう》という所に隠居《いんきょ》したまう。幽栖《ゆうせい》を占《し》むといえども、道俗跡《どうぞくあと》をたずね、蓬戸《ほうこ》を閉《と》ずといえども、貴賤衢《きせんちまた》に溢《あふ》る。仏法弘通《ぐずう》の本懐《ほんがい》ここに成就《じょうじゅ》し、衆生利益《しゅじょうりやく》の宿念《しゅくねん》たちまちに満足す。此《こ》の時《とき》、聖人仰《おお》せられて云《のたま》わく、「救世菩薩《くせぼさつ》の告命《ごうみょう》を受けし往《いにしえ》の夢、既《すで》に今と符号《ふごう》せり」。

聖人は、越後国から常陸国に移り、笠間郡稲田郷というところに住むことにしました。俗世間から離れて暮らしていましたが、僧侶も俗人もそこを訪ね、戸を閉じても、身分の高い人も低い人もたくさん集まってきました。（聖人の）南無阿弥陀仏《なむあみだぶつ》の教えを広めたいという願いが成就され、誰もが浄土《じょうど》に往《い》けるようにしたいという思いがたちまちに達成されました。このとき聖人は、「救世観音菩薩から昔、夢で受けたお告げが、今現実となった」と、おっしゃられました。

弁円済度《べんねんさいど》

親鸞聖人が、稲田を拠点として、専修念仏《せんじゅねんぶつ》の教えを広めると、多くの人がその教えを信じるようになりました。しかし、このことをおもしろく思わない人たちもいたのです。

そんな一人に、人々のために加持祈祷《かじきとう》をする山伏《やまぶし》の弁円《べんねん》という者がいました。弁円は、多くの人から尊敬されていましたが、徐々にその尊敬が自分から聖人へと移っていくのを感じて、うらみを抱くようになります。弁円は、聖人を亡き者《なきもの》にしようと、聖人が頻繁《ひんぱん》に往復する山道で待ち伏せをします。ところが、何度待ち伏せをしても聖人と出会うことができません。

ついに、弁円は聖人を殺すために、稲田の草庵を訪れます。しかし、聖人を一目見た弁円は、うらみの気持ちがたちまちなくなり、それどころかうらみを抱いたことを後悔して涙を流しました。そして、これまでのうらみつらみを聖人に打ち明けますが、聖人は驚く様子すら見せません。弁円は、山伏の装束《しょうぞく》を脱ぎ、弓や刀を捨てて、南無阿弥陀仏の教えに生きる道を選んだのでした。

【親鸞聖人のことば❼】

仏さまの願いとの出あい

弥陀《みだ》の五劫思惟《ごこうしゆい》の願《がん》をよくよく案ずれば、ひとえに親鸞一人《いちにん》がためなりけり。

『歎異抄《たんにしょう》』

【意訳】阿弥陀仏《あみだぶつ》が途方《とほう》もない長い時間をかけて、すべての存在を救おうという深い思いから建てられた願いをよくよく考えてみると、それはひとえにこの親鸞一人を救うためであったのだ。

【第八章】

再び京都へ

京都へ帰る

親鸞聖人《しんらんしょうにん》は、関東に約二十年暮らした後、京都へ戻ることを決意します。その正確な年はわかりませんが、一二三二（貞永元《じょうえい》）年から一二三四（文暦元《ぶんりゃく》）年ごろ、聖人六十歳から六十二歳のころであったと思われます。

わからないのは、年だけではありません。なぜ、聖人が長年移り住んだ関東の地を離れ、京都へ戻ろうとしたのか、その理由も定かではありません。

現在でも六十歳といえば高齢ですが、聖人が生きた鎌倉時代は、平均寿命が四十二、三歳だったといわれていますから、相当の決意があったのではないかと思われます。

聖人が京都へ戻った理由には、次のような説があります。

・『顕浄土真実教行証文類《けんじょうどしんじつきょうぎょうしょうもんるい》』（『教行信証《きょうぎょうしんしょう》』）を完成させるため

すでに関東の地で、『教行信証』は書き始められていましたし、完成に近づいていたともいわれています。しかし聖人は、より完成度を高めるために、仏典《ぶってん》などの資料が豊富な京都をめざしたというものです。

・鎌倉幕府が専修念仏《せんじゅねんぶつ》禁止令を出したため

一二三五（文暦二）年、鎌倉幕府は、肉食《にくじき》をする、女性と遊ぶ、酒を飲むような念仏者を鎌倉から追い出すという命令を出しました。ただ、この禁止令は、その前の年に京都で専修念仏停止《ちょうじ》の勅令《ちょくれい》が出たことを受けて発令されています。ですから、この説に従うと、聖人は布教《ふきょう》のために、より厳しい場所を選んだことになりそうです。

・京都が懐《なつ》かしくなったため

聖人の布教活動は、すでに関東の地で一定の成果をあげており、有力な後継者たちも育っていました。関東での役目を果たしたと感じた聖人は、生まれ故郷《こきょう》であり、法然上人《ほうねんしょうにん》の教えを受けた京都の地を懐かしく思い出していたのかもしれません。

ここに挙げた説以外にもいくつかの説がありますが、いずれにせよ真実はわかっていません。

箱根霊告《はこねれいこく》

親鸞聖人は、関東の地を出立《しゅったつ》し京都をめざしました。聖人が京都へ向かう途中のエピソードとして、次のような箱根での出来事が伝承《でんしょう》されています。

ある日、夜になって箱根のけわしい山道にさしかかりました。あたりには人影はありません。ようやく人家を見つけたときには、すでに夜明け近くになっており、月も山の端《は》近くへと傾いていました。

聖人は、その家に近づいて声をかけたところ、年老いた男の人が、きれいに身だしなみを整えて、次のように言うのでした。

「神社に近いこのあたりの習慣で、神社に仕える者たちが、夜通し神楽《かぐら》（神に奉納《ほうのう》するための歌や舞《まい》）に興《きょう》じていたのですが、私もそこに交じっておりました。先ほど少し居眠《いねむ》りをしようとしたところ、夢か現実か判然としないのですが、箱根権現《はこねごんげん》（仏《ぶつ》・菩薩《ぼさつ》の化身《けしん》）さまが

現れて、『私が尊敬する旅人が、この道を通り過ぎる。だから失礼のないように心を込めて、ていねいにおもてなしをしなさい』とおっしゃったのです。そして、それが夢か現実かまだはっきりしないうちに、あなたさまの尊いお姿が見えたのです。きっとあなたさまは、ふつうの人ではないのでしょう。権現さまのお告げは、間違いではありませんでした。権現さまのお言葉通り、おもてなしをさせていただきます」。

そして、聖人を敬い、いろいろな珍味《ちんみ》を並べた食事を用意しました。

聖人が神社を訪ねるという話ですが、このエピソードは、日本の神々もお念仏の教えを敬《うやま》われていたということを表していると読むことができます。もっと言えば、あらゆる人がお念仏をいただき、その教えを尊敬していたことを表現しているエピソードだといえるでしょう。

関東の混乱

京都へ戻った聖人の様子を、『御伝鈔《ごでんしょう》』では、次のように記しています。

聖人が故郷に帰り、昔のことを想うと、過ぎ去っていった歳月《さいげつ》がまるで夢や幻のように感じられました。そしてあちらこちらを転々と移り住まれていましたが、五条西洞院《ごじょうにしのとういん》あたりの景色を気に入られて、しばらく居《きょ》を定めておられました。そこへ、聖人の教えを受けた弟子たちが、親しくおつきあいした昔を懐《なつ》かしみ、集まってきました。

京都の聖人のもとには、命をかけて遠路関東からやってくる者が大勢いました。また、京都に来ることができない弟子たちは、聖人に手紙を送り、教えについてのさまざまな疑問を問い尋ねていました。そのような交流のなかで、聖人を悩ます問題が発生します。

一つは、有念《うねん》・無念《むねん》の争いです。念仏するときに、阿弥陀仏《あみだぶつ》の姿かたちを心に思い浮かべること（有念）が大事だと主張する者と、そうではない、雑念《ざつねん》を払い、何も思い浮かべないこと（無念）こそが重要だと主張する者が出現し、対立していたのです。しかし、この二つの主張は、どちらも聖人の教えに背《そむ》くものでした。

さらに、造悪無碍《ぞうあくむげ》を主張する者が出現します。〝阿弥陀仏は悪人こそ救うのだから、悪いことをしても気に病《や》むことはない。悪事をはたらいたほうがより救われ浄土に往《い》きやすくなる。戒律《かいりつ》を守る必要もなく、むしろ戒律を破ることが浄土への道につながる〟などと説いて、信者を集めたり惑《まど》わせたりする者たちがいたのです。

造悪無碍を説く者たちは、聖人の教えをよく理解していない者であったり、そもそも聖人の教えを受けていないのに、あたかも聖人からの信頼を得て、奥義《おうぎ》を授《さず》かったなどと吹聴《ふいちょう》したりする者たちでした。

とくに造悪無碍に対しては、

「煩悩《ぼんのう》がある身だからといって、思うままにやってはいけないことをやり、口に出してはいけないことを言い、考えてはいけないことを考えるのを、自分がそうしたいのならそのようにすべきだなどと言い合うことは、あわれむべきことです。酔いがさめていない人に酒を勧《すす》め、毒が消えていないのに、さらに毒を勧めるようなものです。薬があるから、毒を飲めと言うのは、あってはならないことだと思います」

と、関東の弟子に手紙を書いて批判《ひはん》をしています。

聖人は、この手紙以外にも何通もの手紙を関東の弟子たちに送っています。しかし、状況を改善することはできませんでした。

そこで聖人は、事態の収拾《しゅうしゅう》のために、息子である善鸞《ぜんらん》を名代《みょうだい》（代理）として関東に派《は》遣《けん》することにしました。

善鸞義絶《ぜんらんぎぜつ》

善鸞は、問題を解決するために、関東へ赴《おもむ》きました。しかし、うまくいきませんでした。さらに、苦心する善鸞に対して、よからぬ計画をささやく者まで現れます。思うように混乱を収めることができない善鸞は、ついに暴挙《ぼうきょ》に出て、混乱をいっそう深めることになります。善鸞は、「聖人は、私一人だけに、ある夜、本当の教えをさずけました」と、話したのです。しかし、これでも関東の混乱を収めることはできませんでした。むしろ、関東の高弟《こうてい》たちの疑惑と反発を招くこととなります。

そして、善鸞は、鎌倉幕府に対立する高弟たちを、よからぬ教えを広める者であると訴え出るまでになります。

京都の聖人のもとには、善鸞からと善鸞に対立する高弟たちからの内容の異なる二種類の手紙が届きます。現在のように通信手段が発達していない時代ですから、聖人はどちらが真実なのか見極めることが困難でした。しかし、徐々《じょじょ》に真実は、高弟たちの手紙にあると考えるようになります。なぜなら、善鸞が聖人の本当の教えだと語った話が、聖人の教えとはまったく異なる内容だったからです。

ついに、聖人は、息子善鸞を義絶《ぎぜつ》する（親子の縁を切る）ことを決意します。義絶状には、義絶の理由とともに、「こうなっては、もはや私は親ではありません。あなたが子であるという思いも断ち切りました。三宝《さんぼう》と神々に申し上げました。悲しいことです」と聖人の悲痛な思いがつづられています。聖人が八十四歳のときでした。

このような悲しい出来事がありながらも、聖人は念仏の教えを伝え続けられました。聖人の晩年のお手紙には、法然上人の教えがしばしば記されています。

故法然聖人は、「浄土宗のひとは愚者《ぐしゃ》になりて往生す」と候《そうら》いしことを、たしかにうけたまわり候いし

亡くなられた法然上人が、「浄土宗の人は、愚者になって浄土に往生するのである」とおっしゃったことを確かにお聞きしました。

八十八歳のときに書かれたこのお手紙には、法然上人から聞いた念仏の教えを今でもはっきりと覚えていると記されています。このように聖人は、生涯をかけて上人の念仏の教えを聞き続けていかれたのです。

聖人の入滅《にゅうめつ》

五条西洞院《ごじょうにしのとういん》あたりに住んでいた親鸞聖人は、『教行信証《きょうぎょうしんしょう》』を書き進めます。そのほかにも『和讃《わさん》』『愚禿鈔《ぐとくしょう》』『入出二門偈《にゅうしゅつにもんげ》』など、数多くの書物を著しています。

しかし、一二五五（建長《けんちょう》七）年、火事によって住居を失います。聖人八十三歳のときのことです。その後は、自分の住まいを構《かま》えることはなく、三条坊門富小路《さんじょうぼうもんとみのこうじ》にあったといわれる弟の尋有《じんゆう（じんう）》の住坊《じゅうぼう》である善法院《ぜんぼういん》に身をよせました。

それから月日は流れ、一二六二（弘長《こうちょう》二）年十一月に、聖人は体調を崩します。『御伝鈔《ごでんしょう》』には、次のように書かれています。

　聖人は、弘長二年十一月の下旬《げじゅん》から、少し体の具合が悪いようでした。それより後は、

世の中のことを口に出さず、ただ仏のご恩《おん》の深さを述べられるだけでした。ほかのことは声に発せず、ひたすら念仏を称《とな》え、念仏が絶《た》えることはありませんでした。そして、十一月二十八日の正午、頭を北向きにし、顔を西向きにし右脇《わき》を下にして、ついに念仏の声が途絶《とだ》えたのです。九十歳という高齢になっていました。

このようにして、聖人は、九十年のご生涯を終えられたのです。

このころは、無事に極楽浄土《ごくらくじょうど》に往《い》けると、「紫の雲がたなびく」「言葉では言い表せないほどすばらしい音楽が聞こえる」「何ともいえないよい香《かお》りがただよう」といった現象が起こると信じられていました。

臨終を看取《みと》った聖人の娘である覚信尼《かくしんに》は、そのような現象がおこらないことに不安を感じたのでしょうか。父親鸞の臨終の様子を、その当時越後国《えちごのくに》に住んでいた母恵信《えしん》尼《に》に手紙で伝えています。覚信尼の書いた手紙は現在残っていませんが、その手紙に対する恵信尼の返信は、今も読むことができます。そこには、次のように書かれています。

殿《との》(恵信尼は聖人のことを、手紙では殿と書いていました)が、浄土へ往生《おうじょう》されたことは、改めて申し上げることではありません。

臨終の様子(浄土へ往ける者は安らかに死ねるが、往けない者は苦しんで死ぬという考え方があった）や現象の有無《うむ》は、浄土に往けるか往けないかとはまったく関係ないと説いた法然上人や聖人の教えを、恵信尼は、娘である覚信尼に伝えたのです。そこには、恵信尼の聖人に対する絶大な信頼がうかがえます。

聖人の火葬は、鳥部野《とりべの》（京都市東山区《ひがしやまく》）の南のほとりにある延仁寺《えんにんじ》で行われ、その遺骨《いこつ》は、鳥部野の北のほとりにある大谷《おおたに》の地に埋葬《まいそう》されたといわれています。

それから、十年後。吉水《よしみず》（京都市東山区）の北に聖人の御影像《ごえいぞう》を安置した廟堂《びょうどう》が建てられました。後に、覚如上人《かくにょしょうにん》はこの廟堂を「本願寺《ほんがんじ》」と名づけられたのです。

そして、その廟堂が、今の真宗本廟《しんしゅうほんびょう》（東本願寺）〔京都市烏丸七条〕へと受けつがれていったのです。

あなたは一人ではない

最後に、親鸞聖人が自身の遺言《ゆいごん》として書き残したといわれる言葉を紹介しましょう。

一人《ひとり》居《い》て喜《よろこ》ばば二人《ふたり》と思うべし　二人居て喜ばば三人《みたり》と思うべし

その一人《いちにん》は親鸞なり

「一人で念仏もうして喜んでいるときは、二人でいると思いなさい。二人で念仏もうして喜んでいるときは、三人でいると思いなさい。その一人とは、私、親鸞です」と、私たちへのメッセージを残してくださっています。

つまり、「どんなときであっても、あなたを見守っている人がいます。あなたは、一人ではありませんよ。いつも親鸞といっしょですよ」という意味です。念仏の教えを聞く私たちに、どこまでも寄りそう聖人のお心が表された優しさに満ちたお言葉です。

【親鸞聖人のことば❽】

導き教わる

前《さき》に生まれん者《もの》は後《のち》を導き、
後《のち》に生まれん者《ひと》は前《さき》を訪《とぶら》え

『教行信証《きょうぎょうしんしょう》』

【意訳】先に生まれた人は後から生まれた人を教え導き、
後から生まれた人は先に生まれた人を尋ねましょう。

付録

親鸞聖人の基礎知識

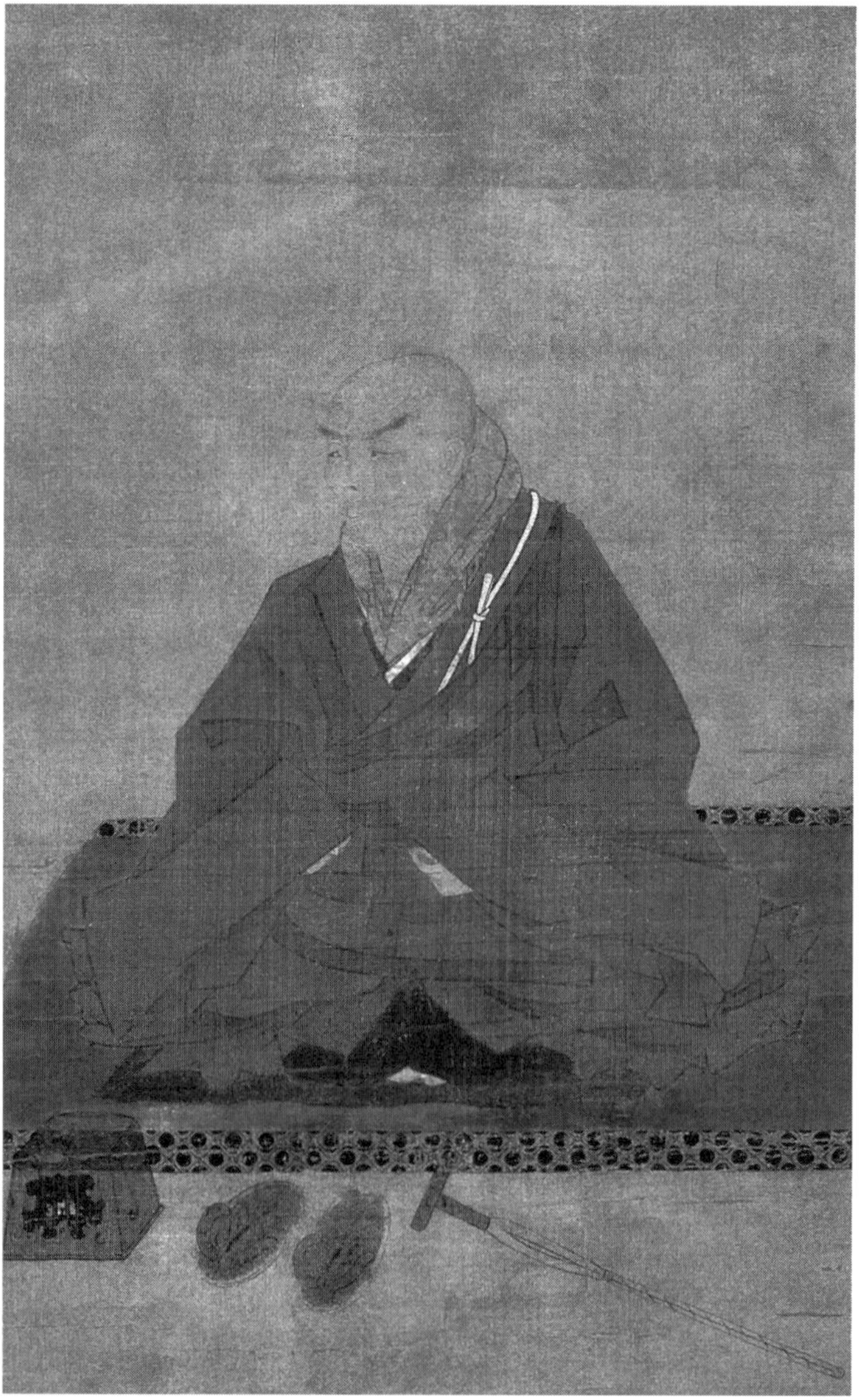

親鸞聖人「安城御影《あんじょうのごえい》」（東本願寺蔵）

1255（建長7）年、83歳のときの親鸞聖人を描いた画。三河国《みかわのくに》（愛知県）の安城に伝わったことから、「安城御影」と呼ばれる。

親鸞聖人の家族

略系図

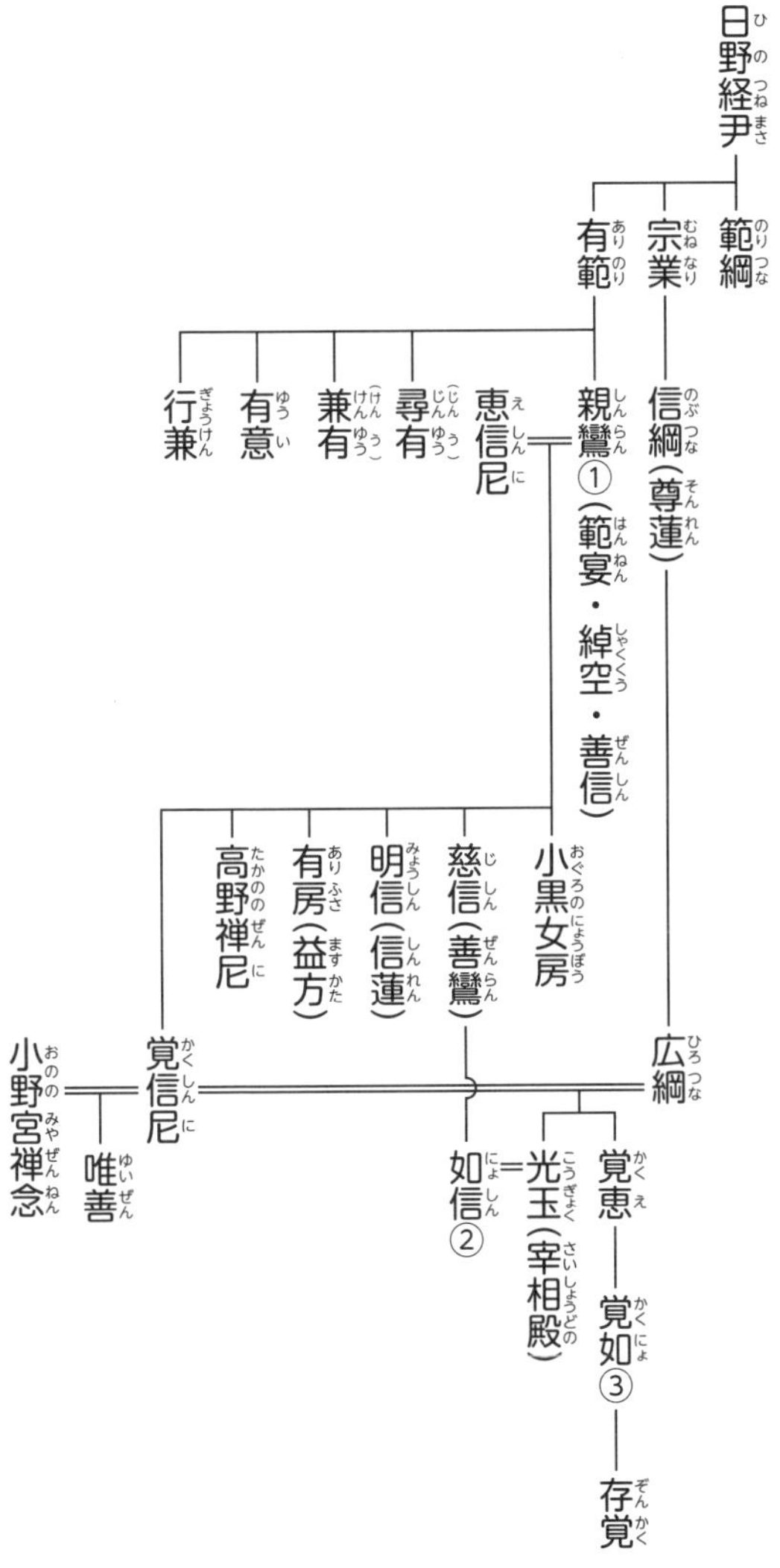

※丸数字は本願寺歴代を示す

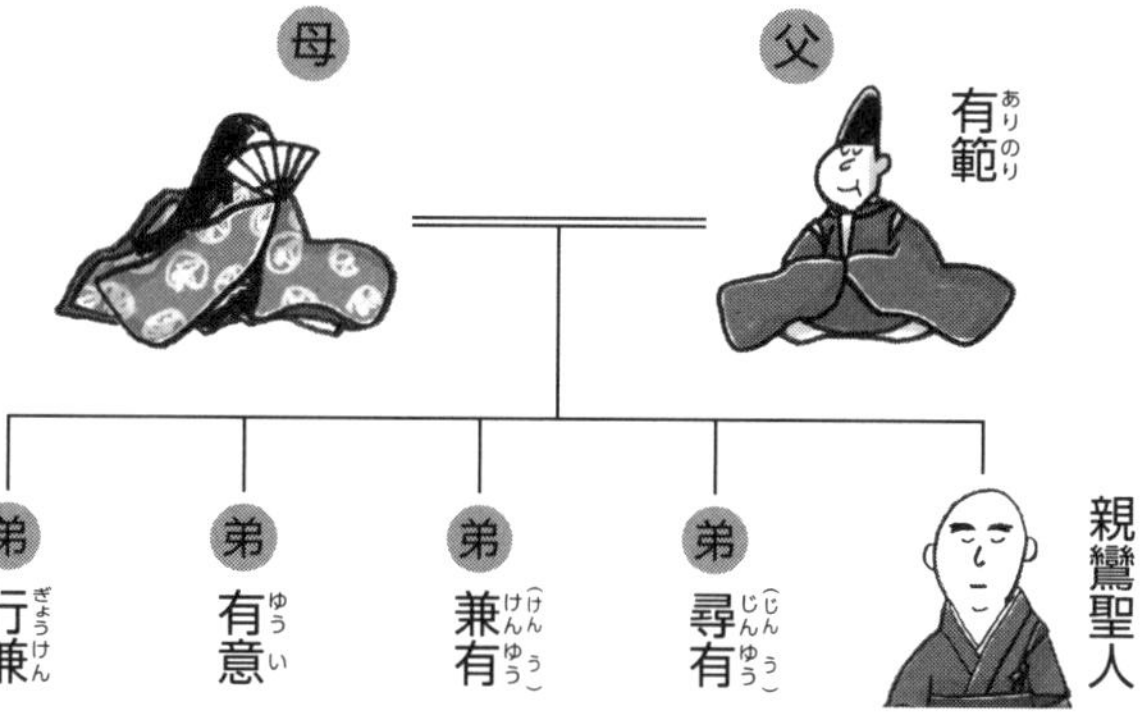

❖両親と兄弟

両親

親鸞聖人は、たくさんの著作を残されましたが、家族のことは書かれていません。そのため、はっきりしたことがわからないことも多いのです。父親の日野有範《ひのありのり》は藤原氏《ふじわらし》の一族、母親は源氏《げんじ》の流れをくむ人だったといわれています。

僧侶《そうりょ》になった弟たち

親鸞聖人には四人の弟がいましたが、弟たちも、伯父《おじ》の日野範綱《のりつな》に引き取られ、時期は異なるものの、同じように僧侶になったと考えられています。すぐ下の弟の尋有は比叡山《ひえいざん》に所属する僧侶で、残された記録から確認できる限り、もっとも聖人との交流があったと考えられます。関東から京都に帰り、五条西洞院《ごじょうにしのとういん》に住んでいた聖人が火災にあって、移り住んだ三条坊門富小路《さんじょうぼうもんとみのこうじ》の善法院《ぜんぽういん》は尋有のお寺でした。

❖妻・恵信尼《えしんに》

大正時代に発見された恵信尼の手紙

親鸞聖人の妻・恵信尼は、一一八二（寿永元《じゅえい》）年に生まれ、一二六八（文永五《ぶんえい》）年に亡くなったといわれています。恵信尼の自筆のお手紙（『恵信尼消息《えしんにしょうそく》』）が発見されたのは、一九二一（大正十《たいしょう》）年のことでした。

そのお手紙は、越後《えちご》に住む恵信尼が京都で暮らす娘の覚信尼《かくしんに》にあてたものです。親鸞聖人が亡くなられてから書かれたこともあって、娘に聖人のことを伝えたかったのでしょう。六角堂《ろっかくどう》にこもり夢告《むこく》を受け、法然上人の弟子になったことや、関東への旅の途中で、お経を千回読むといった自力で人を救おうとすることを止め、ただ『南無阿弥陀仏《なむあみだぶつ》』と称《とな》える以外にないと気づくといった、聖人のご生涯を知るうえで重要な出来事にふれています。

恵信尼が、聖人といつごろ結婚したのかはわかっていませんが、越後と関東での生活を聖人とともに過ごし、支え続けた妻であったことは間違いないでしょう。

恵信尼（1182〜1268年）
（龍谷大学図書館蔵）

親鸞聖人の名前

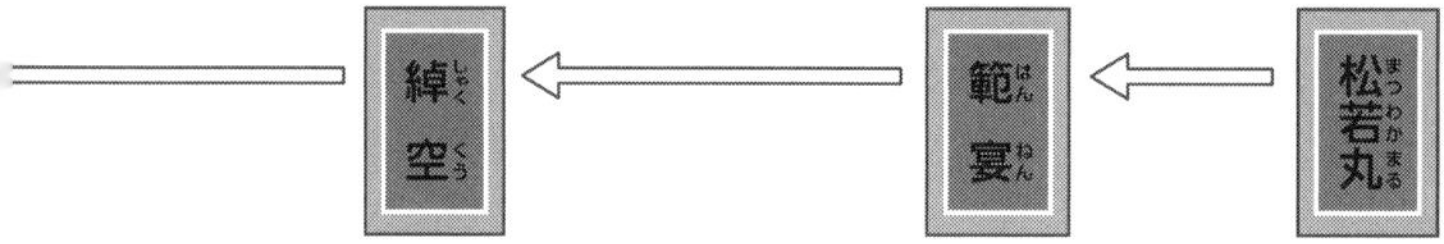

出家《しゅっけ》する

六角堂《ろっかくどう》での夢告

吉水入室《よしみずにゅうしつ》

親鸞の名前はいつから？

親鸞聖人の幼名は、**松若丸**《まつわかまる》（十八公麿《じゅうはちこうまろ》とも）。九歳で出家《しゅっけ》されて、以後、法名《ほうみょう》（仏さまの弟子としての名前）を名のり、比叡山では**範宴**《はんねん》、そして下山されて吉水《よしみず》に入室し法然上人《ほうねんしょうにん》の弟子となり、名前を**綽空**《しゃくくう》に改められました。

ここから、二つの説があります。

一つは、一二〇五（元久《げんきゅう》二）年七月二十九日に見た夢のお告げによって、**善信**《ぜんしん》と名を改め、その後、流罪《るざい》となった際に、**親鸞**と名のられるようになったというもの。

もう一つは、**善信**は法名ではなく、房号《ぼうごう》（僧侶

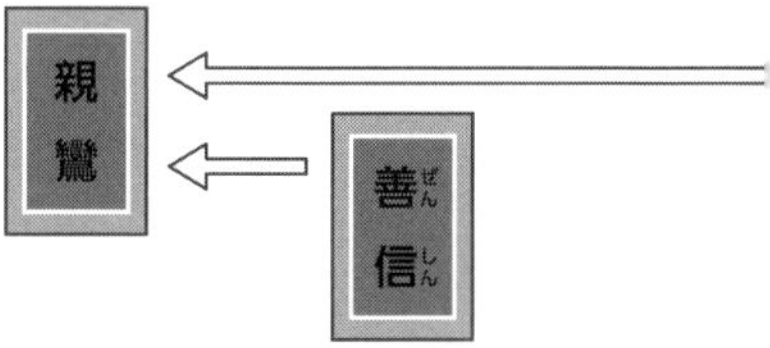

流罪《るざい》となる

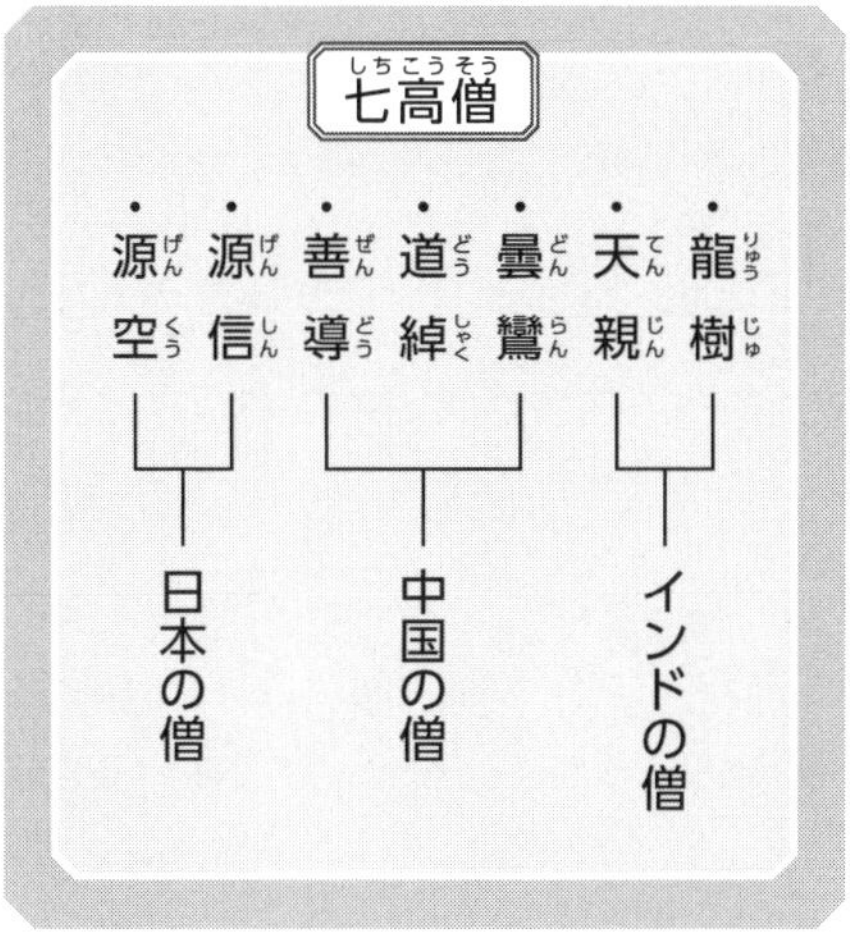

同士が呼び合う通称）であり、法名としては一二〇五年ごろ、**綽空**から**親鸞**とされたのではないか、というものです。

法名に込められた意味

いずれにせよ、綽空、善信、親鸞という聖人の名前には、それぞれ、仏さまの教えを明らかにしてくださった七人の高僧《こうそう》の名前から一文字ずつ使われていることから、先人たちへの尊敬の念が込められていると考えられます。

綽空…道綽《どうしゃく》と源空《げんくう》（法然上人）
善信…善導《ぜんどう》と源信《げんしん》
親鸞…天親《てんじん》と曇鸞《どんらん》

親鸞聖人に関する著作

❖『教行信証《きょうぎょうしんしょう》』

親鸞聖人は、たくさんの著作を残されましたが、そのなかでもとくに浄土真宗《じょうどしんしゅう》の聖典として大切にされているのが『顕《けん》浄土真実教行証文類《じょうどしんじつきょうぎょうしょうもんるい》』（『教行信証』）です。

聖人が関東におられた一二二四（元仁《げんにん》元）年、五二歳のころに書き始め、京都に戻った一二三二（貞永《じょうえい》元）年、六〇歳のころには原型が出来上がっていたものの、八〇歳をこえても改《かい》訂《てい》を続けていたといわれています。

『教行信証』は漢文で書かれ、「教巻《きょうのまき》」「行巻《ぎょうのまき》」「信巻《しんのまき》」「証《しょうの》巻《まき》」「真仏土巻《しんぶつどのまき》」「化身土巻《けしんどのまき》」の六巻からなります。正式名称に「文類」とあるように、『大無量寿経《だいむりょうじゅきょう》』を中心に仏教の重

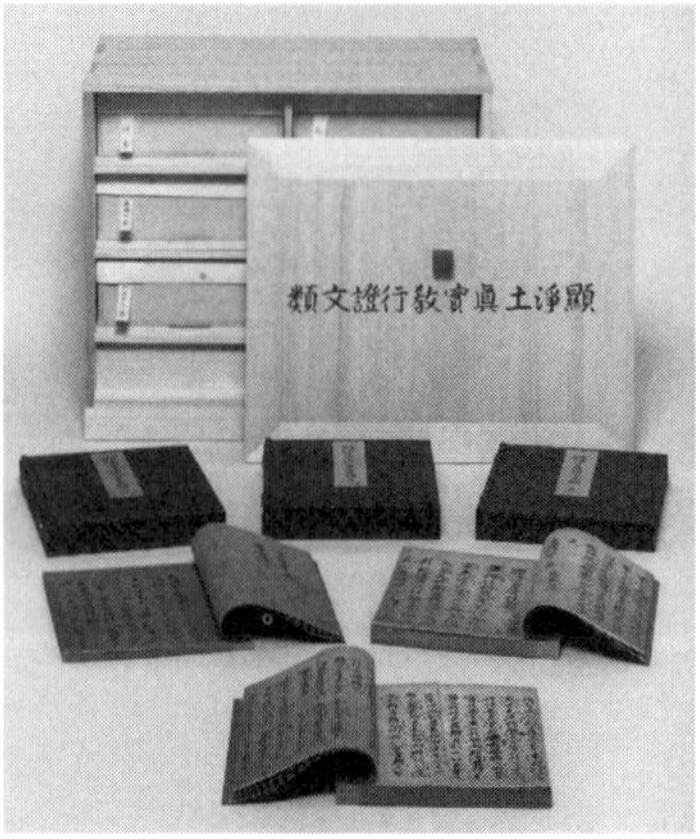

『顕浄土真実教行証文類』〔坂東本《ばんどうぼん》〕（東本願寺蔵）

親鸞聖人の主著であり、浄土真宗の根本聖典。坂東報恩寺に伝わった親鸞聖人の自筆本は「坂東本」と呼ばれ、国宝に指定されている。

要な文を集め、六つに分類し、聖人の解釈を加えたものです。

執筆の背景

親鸞聖人が関東にいるころ、京都では再び、法然上人の専《せん》修《じゅ》念仏の教えが否定される動きがおこっていました。今度は、比叡山から専修念仏の禁止を求めた朝廷への訴状《そじょう》が出されたのです。さらに、法然上人の墓をあばこうというくわだてがあることもわかりました。これを嘉禄《かろく》の法難《ほうなん》といいます。

これを知った聖人はどれほど心を痛められたことでしょう。当時の日本の仏教界で、比較的新しい法然上人の教えが誤解され、非難されているのです。

そこから、「法然上人の教えの真意を明らかにしたい」という思いが、『教行信証』を書き進めていく力になっていたのではないでしょうか。

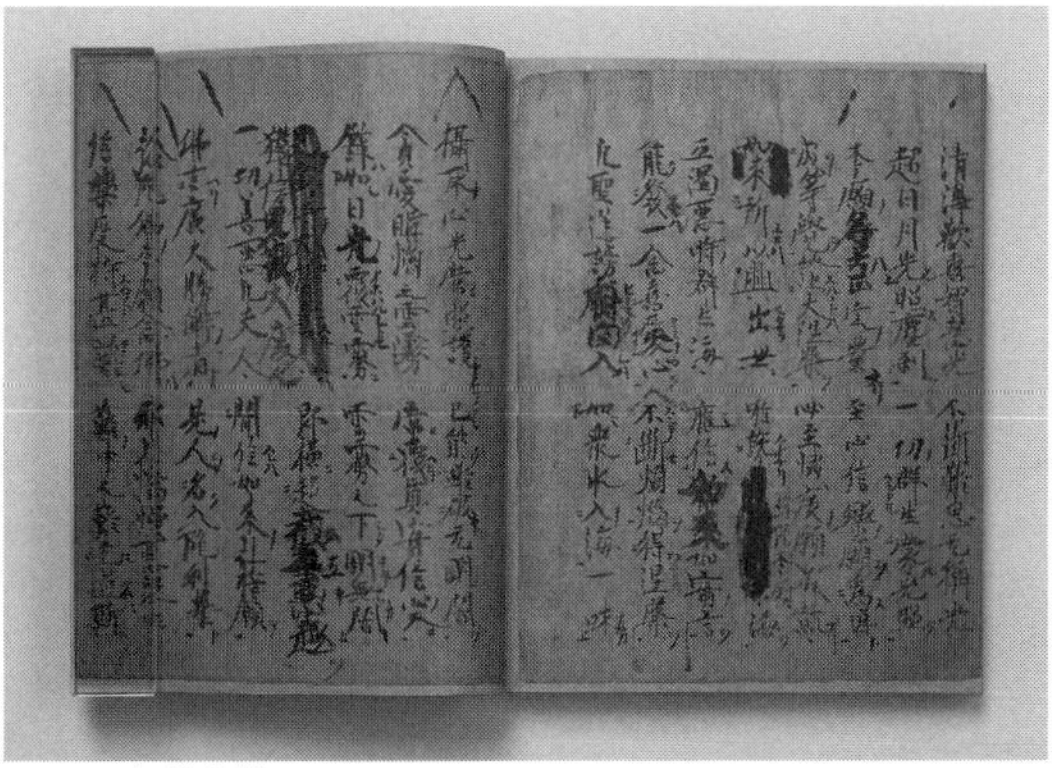

「正信偈《しょうしんげ》」（『教行信証』「坂東本」・東本願寺蔵）

「正信偈《しょうしんげ》」

「きみょうむりょうじゅにょらい」

この言葉で始まるお勤め、「正信偈」（正式名称は「正信念仏偈《しょうしんねんぶつげ》」）を聞いたことがあるという方は多いことと思います。実はこのお勤めは、もともと親鸞聖人がつくられた「うた（偈頌《げじゅ》）」なのです。

帰命無量寿如来《きみょうむりょうじゅにょらい》（無量寿如来に帰命し）

南無不可思議光《なむふかしぎこう》（不可思議光に南無したてまつる）

と始まるこのうたは、聖人の主著『教行信証』の「行巻《ぎょうのまき》」の結びにあり、七文字を一句とする百二十句からなります。

親鸞聖人が念仏の教えに出会った喜びと、その念仏をインドから中国、そしてこの日本にまで伝えて下さった七人の僧侶（七高僧《しちこうそう》）を讃《たた》える言葉がつづられており、浄土真宗の歴史と教えのエッセンスが詰《つ》まっているといえるうたです。

今では門徒の朝夕のお勤めとして用いられ、聖人の言葉のなかでもっとも親しまれているものの一つになっています。

❖『歎異抄《たんにしょう》』

親鸞聖人の著作ではありませんが、聖人の教えを伝えるものとして有名なのが『歎異抄』です。『歎異抄』には執筆者名が記されていませんが、聖人が関東におられたころ、直接教えを受けた河和田（茨城県水戸市）の唯円《ゆいえん》の作とされています。聖人が亡くなられた後、真実の教えとは違うこと（異義《いぎ》といいます）を聖人の教えとして主張する者がたくさん現れました。そのことに心を痛めた唯円が聖人から聞いたことばによって、真実の教えを伝えようと書き記したといわれています。

『歎異抄』は、聖人のことばを集めた「師訓篇《しくんへん》」と、聖人の真実の教えとは異なるものを挙げて、真実の教えとは何かを示していく「歎異篇《たんにへん》」からなります。6ページや、後述の121ページで紹介する「悪《あく》人正機《にんしょうき》」、48ページで紹介した「（仮に法然上人にだまされて）念仏《ねんぶつ》して地獄におちたりとも、さらに後悔《こうかい》すべからずそうろう」なども、『歎異抄』に書かれたことです。

現代の作家や著名人のなかにも、『歎異抄』に影響を受けたと話す人もおり、時代や宗派をこえて、多くの人に読まれるものとなっています。

親鸞聖人をめぐるキーパーソン

親鸞聖人がたいへん尊敬され、そのご生涯に大きな影響を与えることになった二人の人物を紹介します。

❖聖徳太子《しょうとくたいし》

親鸞聖人と聖徳太子

聖人は、二十九歳のとき、人生に深く悩まれた末、聖徳太子が開いた寺と伝えられている六角堂《ろっかくどう》にこもられ、夢告《むこく》を受けられました。また、十九歳のときにも、磯長《しなが》（今の大阪府南河内郡太子町）にある聖徳太子の廟堂《びょうどう》にこもられたという伝説も残されています。

聖人は、作られた和讃《わさん》のなかで、聖徳太子を「和国《わこく》の教主《きょうしゅ》（日本仏教の開祖）」や「父や母のような方だ」とたたえています。聖徳太子をたたえる和讃は、二百首以上にもおよび、聖人がどれほど聖徳太子を尊

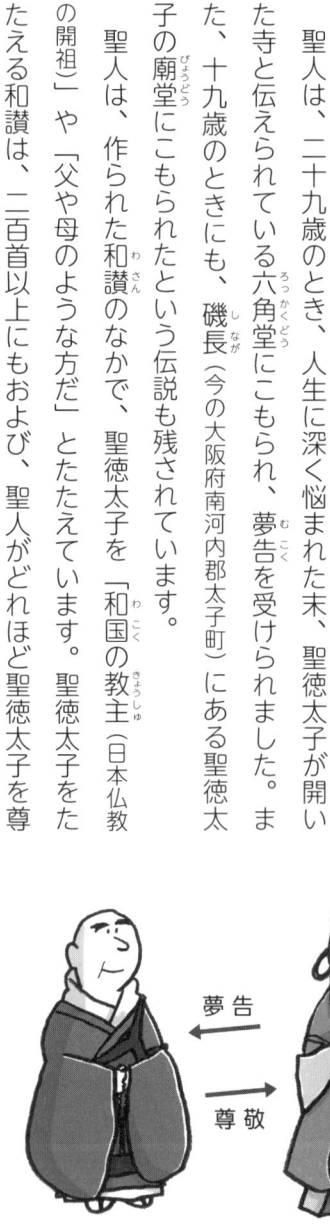

敬し、感謝されていたかがうかがえます。

聖徳太子の生涯

聖徳太子は、馬小屋の前で生まれたという伝説から、厩戸王《うまやどのおう》とも呼ばれます。

聖徳太子が生まれたころ、日本では仏教は外国から伝わったばかりの新しい宗教でした。仏教を受け入れることへの反発があり、争いもおこっていました。そんななか、聖徳太子は仏教の考え方にもとづいて、人々のあるべき心構えを説いた「十七条憲法」を制定しました。そのほか、家柄が重視された時代にもかかわらず、能力で役人を登用する「冠位《かんい》十二階」を制定したり、進んだ文化を学ぼうと隋《ずい》（昔の中国）に「遣隋使《けんずいし》」を送るなどして、仏教による平和な国づくりを進めました。

生涯、出家《しゅっけ》することはありませんでしたが、仏教を厚く信仰し、法隆寺《ほうりゅうじ》（奈良県生駒郡斑鳩町）をはじめとする寺院を建立しました。晩年は政治の世界から離れ、仏教の教えの研究に励んだといわれています。

聖徳太子（東本願寺蔵）

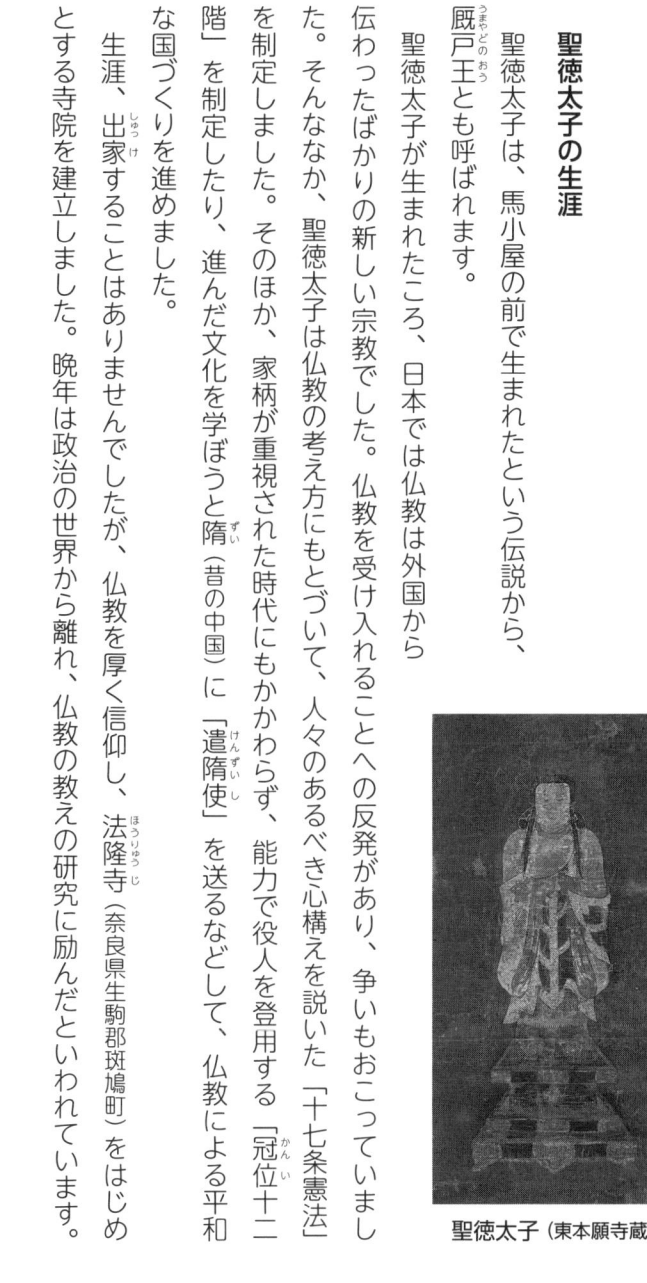

✤法然上人《ほうねんしょうにん》

父の遺言

法然上人は、一一三三（長承《ちょうしょう》二）年に美作国《みまさかのくに》久米《くめ》（岡山県久米郡）に生まれました。

法然上人が九歳のとき、上人の父親は敵対していた人物に襲われ、重傷を負うという出来事がありました。しかし、父親は法然上人に「敵をうらんではいけない。みんなが救われる仏さまの道を求めなさい」という言葉を残し、亡くなります。法然上人はこの遺言に従って、後に比叡山で出家されたといわれています。

法然上人は、「智慧《ちえ》第一の法然房《ぼう》」といわれるほど、比叡山で勉学に励みました。しかし、誰もが厳しい修行や勉学に励むことができるわけではありません。それでは、「みんなが救われる」ことはないのではないか、そのように悩みながら、ついに、一一七五（承安《じょうあん》五）年の春、四十三歳の法然上人は、たくさんの経《きょう》典《てん》のなかから、「みんなが救われる仏さまの道」を見いだしたのです。それは、日常生活のなかで、ただ一心に「南無阿弥陀仏《なむあみだぶつ》」

法然上人御影（東本願寺蔵）

と称《とな》えることこそが、仏さまの本願《ほんがん》にかなうものなので、みんなが救われるという道でした。

吉水《よしみず》へ

法然上人は、比叡山を下《お》り、吉水（京都府京都市東山区）に移りました。ここで、身分も何も関係なく、誰に対しても同じように念仏の教えを説かれたのです。この教えは、またたくまに世に広がっていきました。

親鸞聖人が法然上人のもとを訪ねたのは、一二〇一（建仁《けんにん》元）年の春のことでした。聖人は、法然上人を生涯の師と仰がれました。そして、『教行信証《きょうぎょうしんしょう》』（正信偈《しょうしんげ》）に、法然上人について次のように書かれています。

真宗《しんしゅう》の教証《きょうしょう》、片州《へんしゅう》に興《おこ》す。
選択本願《せんじゃくほんがん》、悪世《あくせ》に弘《ひろ》む。

真宗の教えをこの国に興し、
そのことですべての人を救いたいという仏さまのお心を、この世に広めてくださった。

親鸞聖人をめぐるキーワード

❖他力本願《たりきほんがん》

「他力本願」といえば、現代ではよく「他人の力をあてにする」という批判的な意味で使われていますが、親鸞聖人がおっしゃる「他力本願」の意味はまったく違います。

「他力《たりき》」に対するものとして「自力《じりき》」という言葉があります。この「自力」とは、自分の思いや行動によって、何かを成しとげようとする力を指します。それは一見立派なことのようですが、そこには無意識に〝自分こそが正しい〟とするごう慢さがひそんでいるのです。親鸞聖人の言われる「他力」とは、この自力にとらわれて、他者を踏《ふ》みつけ、自分も悩み苦しんでいる私だと気づかせる仏さまのはたらきのことをいいます。そのような私たちにどこまでも寄り添い、そのままで救いとろうとする仏さまの大きな願いを「他力本願」というのです。

他力本願≠他人まかせ

❖悪人正機《あくにんしょうき》

「悪人正機」は、親鸞聖人の教えのなかでもっとも有名で、またもっとも誤解を受けているものかもしれません。6ページで紹介したように、「悪人正機」とは、「善人《ぜんにん》であっても往生をとげることができるのだから、悪人が往生できないわけがない」という意味です。

この「悪人」を、世の中でいう泥棒や犯罪者と受け取ってしまうと、罪を犯したら救われるということになります。果たして親鸞聖人が教えられた「悪人正機」とはそのようなものなのでしょうか。

人間は悲しいかな自力《じりき》でしか生きることができません。その事実を気づかせるのが仏さまのはたらき（他力《たりき》）ですが、自身の事実に気づかないままに、自分でどうにかなると思っている人を「善人」といいます。一方、「悪人」は、仏さまのお心にふれ、善人とはいえない自分の身の事実に気づいた人のことをいいます。世にいう犯罪者のことではないのです。

聖人は、この他力によって生きる悪人こそ、まさしく浄土へ生まれ往《ゆ》く機《き》（対象）なのだといわれているのです。

悪人≠盗みなどの悪事をはたらく人

親鸞聖人の略年表

西暦	元号	歳	事項
一一七三	承安三	一	京都で誕生。
一一八一	養和元	九	慈円《じえん》のもとで出家《しゅっけ》し、範宴《はんねん》と名のる。 平清盛《たいらのきよもり》没。全国的な飢饉《ききん》（養和《ようわ》の大飢饉）。
一一八二	寿永元	一〇	恵信尼《えしんに》誕生。
一一九二	建久三	二〇	源頼朝《みなもとのよりとも》、征夷大将軍《せいいたいしょうぐん》となる。
一二〇一	建仁元	二九	堂僧《どうそう》をつとめていた延暦寺《えんりゃくじ》を出て、六角堂《ろっかくどう》に参籠《さんろう》し九十五日目に聖徳太子《しょうとくたいし》の夢告《むこく》により法然《ほうねん》の門に入る。
一二〇四	元久元	三二	十一月、「七箇条《しちかじょう》の制誡《せいかい》」に「僧綽空《そうしゃくくう》」と署名する。
一二〇五	元久二	三三	法然より『選択本願念仏集《せんじゃくほんがんねんぶつしゅう》』の書写と法然真影《しんねい》の図画《ずえ》を許される。 夢告により「綽空」の名を「善信」と改める。 興福寺《こうふくじ》による専修《せんじゅ》念仏停止《ちょうじ》の動き高まる（興福寺奏状《そうじょう》）。

一二〇七	承元元	三五	二月、専修念仏停止により法然らとともに処罰され、越後国国府《えちごのくにこくふ》に流罪《るざい》となる（承元《じょうげん》の法難《ほうなん》）。
一二一一	建暦元	三九	三月、息男、信蓮房《しんれんぼう》誕生。 十一月、法然とともに流罪赦免《しゃめん》となる。
一二一二	建暦二	四〇	一月、法然没。 九月、『選択本願念仏集』刊行。
一二一四	建保二	四二	越後から関東へ向かう途中、佐貫《さぬき》で三部経《さんぶきょう》千部読誦《どく》《じゅ》を発願《ほつがん》するが中止。やがて常陸《ひたち》へ向かう。
一二二四	元仁元	五二	『教行信証《きょうぎょうしんしょう》』を書きすすめる。 息女、覚信尼《かくしんに》誕生。
一二二七	嘉禄三	五五	延暦寺衆徒《しゅと》、法然の墳墓《ふんぼ》を破却（嘉禄《かろく》の法難）。専修念仏停止となる。
一二三〇	寛喜二	五八	五月、『唯信鈔《ゆいしんしょう》』を書写する。 全国的な大飢饉（寛喜《かんぎ》の大飢饉）。

一二三一	寛喜三	五九	病床で『大無量寿経《だいむりょうじゅきょう》』を読むが、建保《けんぽう》二年の三部経千部読誦の反省を思いかえし中止する（寛喜《かんぎ》の内省《ないせい》）。
一二三二	貞永元	六〇	このころ、京都に帰り、五条西洞院《にしのとういん》に住すという。また、このころまでに坂東《ばんどう》本『教行信証』の草稿《そうこう》がなり、以後晩年に至るまで改訂が続けられる。
一二三五	嘉禎元	六三	孫如信《にょしん》誕生。
一二四七	宝治元	七五	二月、従兄弟《いとこ》で門弟の尊蓮《そんれん》に『教行信証』の書写を許す。
一二四八	宝治二	七六	一月、『浄土和讃《じょうどわさん》』『浄土高僧《こうそう》和讃』を著す。以後、最晩年まで活発な著述《ちょじゅつ》を続ける。
一二五一	建長三	七九	このころより関東での異義を制止する書状を多く発する。

一二五五	建長七	八三	十二月、火災に遭い、三条坊門《ぼうもん》富小路《とみのこうじ》善法院《ぜんぼういん》に移る。この年、『安城《あんじょうの》御影《ごえい》』描かれる。
一二五六	康元元	八四	五月、息男善鸞《ぜんらん》を義絶《ぎぜつ》する。
一二五七	正嘉元	八五	二月、「弥陀《みだ》の本願信ずべし」の夢告を感得し、改訂中の『正像末《しょうぞうまつ》和讃《わさん》』に書き入れる。
一二五八	正嘉二	八六	十二月、善法院で「獲得《ぎゃくとく》名号《みょうごう》自然《じねん》法爾《ほうに》」を門弟顕《けん》智《ち》に語る。
一二六〇	文応元	八八	十一月、門弟乗信《じょうしん》に書状を送り、法然の法語を示し生死《しょうじ》無常《むじょう》のことわりを語る。
一二六二	弘長二	九〇	十一月二十八日、善法院で入滅《にゅうめつ》。 十二月、覚信尼が越後の恵信尼に書状を送り、父の入滅を伝える。

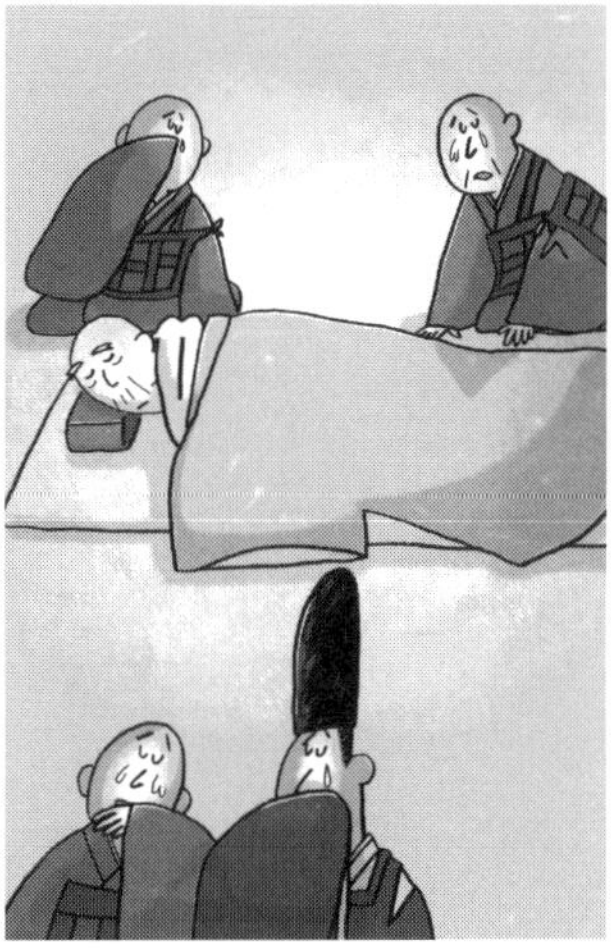

親鸞聖人の足跡

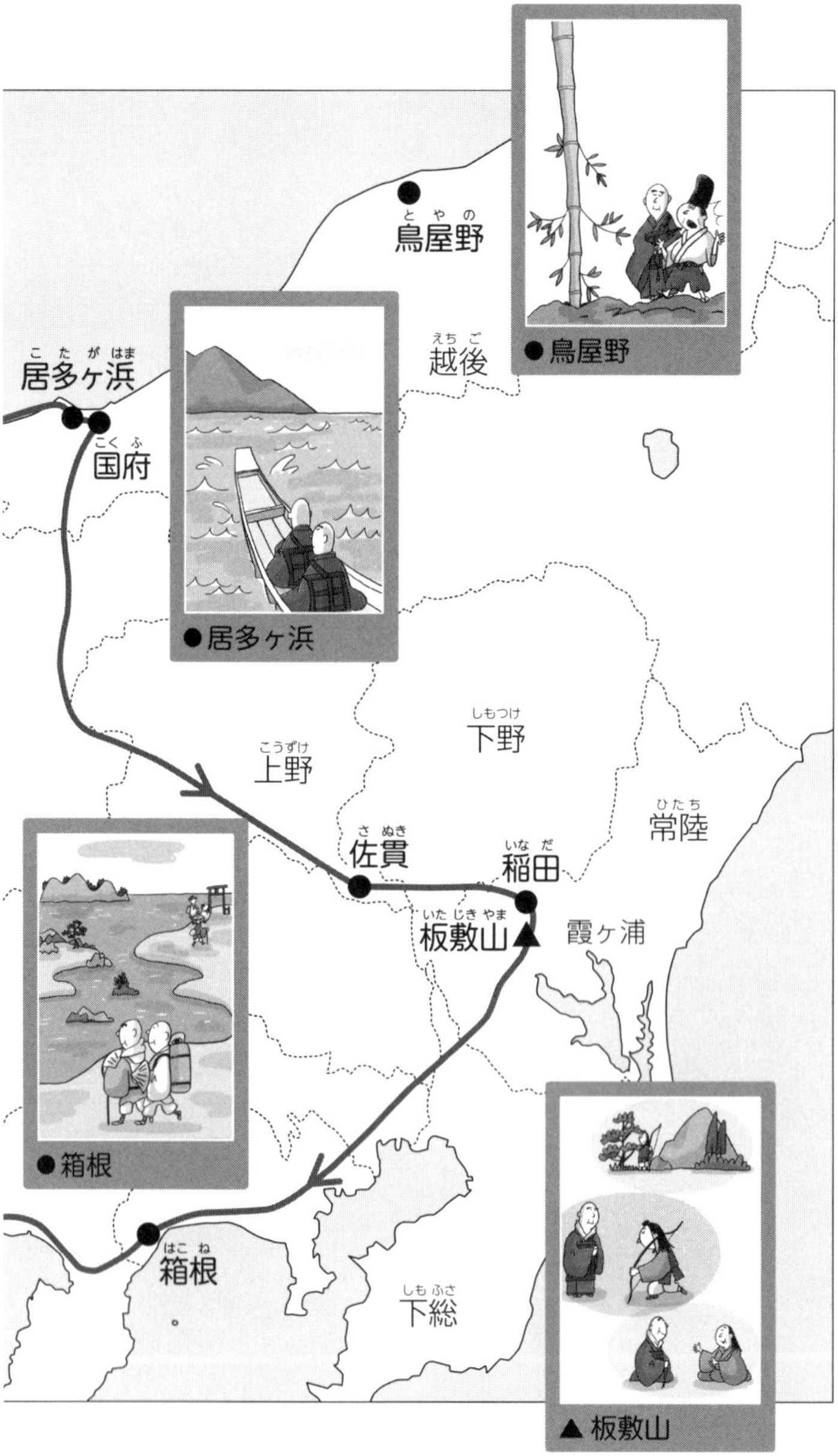
鳥屋野《とやの》
鳥屋野
居多ヶ浜《こたがはま》
越後《えちご》
国府《こくふ》
居多ヶ浜
下野《しもつけ》
上野《こうずけ》
常陸《ひたち》
佐貫《さぬき》
稲田《いなだ》
板敷山《いたじきやま》
霞ヶ浦
箱根
箱根《はこね》
下総《しもふさ》
板敷山

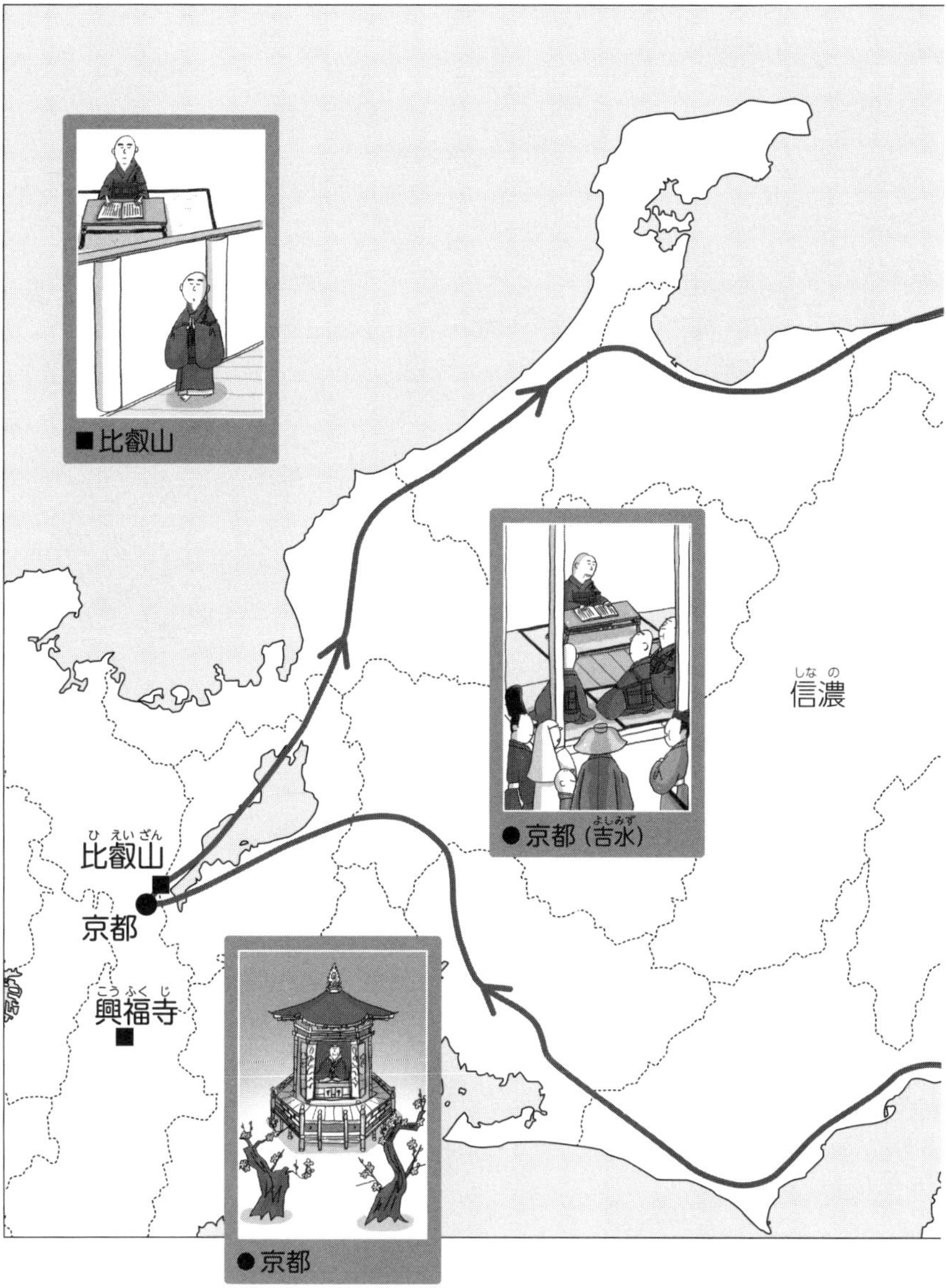
■比叡山
●京都（吉水《よしみず》）
信濃《しなの》
比叡山《ひえいざん》
京都
興福寺《こうふくじ》
●京都

伝記《でんき》 親鸞聖人《しんらんしょうにん》

2019（令和元）年7月28日　第1刷発行

発行者　但馬　弘
監　修　草野顕之
編集発行　東本願寺出版（真宗大谷派宗務所出版部）
〒600-8505　京都市下京区烏丸通七条上る
TEL　075-371-9189（販売）
075-371-5099（編集）
FAX　075-371-9211
文・デザイン　株式会社どりむ社
イラスト　上垣厚子
印刷・製本　シナノ書籍印刷株式会社

ISBN978-4-8341-0603-9　C0015
2019 Printed in Japan
詳しい書籍情報は　東本願寺出版　検索
真宗大谷派（東本願寺）ホームページ　真宗大谷派　検索